교육인적자원부 지정 교육용 한자

초등한자 600자 쓰기

▶ 초등 교육용 기초한자 600자 수록
▶ 한자능력시험 8급~5급 완벽대비
▶ 자세한 필순 적용
▶ 초등교과서 한자어 수록
▶ 만화로 배우는 사자성어 수록
▶ 한자 미리보기는 별책으로 만들어 공부하면 효과적 입니다.

일러두기

1. 단계별 미리보기는 절취선을 따라 잘라서 투명 화일에 넣어서 한자를 익히면 효과적입니다.

2. 한자 밑에 훈·음을 제시해두면 한글로 쓰인 훈·음만 읽으므로, 한자만 보고 훈·음을 생각하며 공부하세요.

3. 훈·음만 제시된 부분은 훈·음에 맞는 한자를 한문 노트에 직접 써보고, 익숙하고 완벽하게 한자를 익힐 때까지 연습해 보세요.

4. 친구, 급우간에 한자와 훈·음을 서로 제시하면서 게임을 하면 흥미가 더욱 있습니다.

5. 단계별 선정 한자는 한자능력 검정시험과 연관되어 있으므로 충분히 공부하고 나면 자격증도 취득할 수 있습니다.

머리말

漢字는 학교에서 배우는 교과 과목의 핵심 개념을 정리하는 중요한 문자입니다.

그래서 한자교육은 유치원에서부터 대학교에 이르기 까지 누구나 공부해야 하는 필수 과목이 되었습니다. 특히 학교에서 배우는 국어·영어·수학 과목은 물론이고, 사회·음악·체육·미술 과목에 이르기까지 대부분의 교과서 내용의 핵심 개념은 한자어로 이루어져 있습니다.

이에, 본 책에서는 학교 교과과정에 쓰이는 교육용 배정한자를 학년별·수준별로 나누어 소개하였습니다. 또 교과서 내용 중 핵심개념은 별도로 정리하여 학습을 용이하게 하였습니다.

이 책의 특징은

하나. 학년별·수준별로 한자를 배정하여 교과 학습에 도움을 주었습니다.
둘. 단계별로 핵심 문제를 수록하여 배운 내용을 확인 점검할 수 있게 하였습니다.
셋. 단계별로 교과서 핵심 한자어를 수록하여 개념정리를 할 수 있게 하였습니다.
넷. 학년별로 알아야할 사자성어를 만화로 소개하여 공부의 흥미를 도왔습니다.
다섯. 우리나라와 중국·일본에서 쓰이는 한자를 소개하여 한자의 이해의 폭을 도왔습니다.

이 책에 제시한 교육용 한자를 익히면 교과목 공부에 흥미를 더욱 느낄 수 있습니다. 글자마다 부수, 획수, 관련단어를 소개하여 한자를 이해하는데 도움을 주었습니다.

한자를 쓸 때는 한 자 한 자 정성을 다해 쓰고, 이 책을 통해 여러분 모두 한자박사는 물론 한석봉 같은 명필가가 되길 바랍니다.

한자 공부의 필요성

하나 | 우리말을 바르게 사용할 수 있습니다

우리말의 75% 이상은 한자로 구성되어 있습니다. 한글은 표음 문자(表音 文字 : 소리글)로 소리를 나타내는 글자입니다. 때문에 한글로 쓸 경우는 무슨 뜻의 글자인지 모르는 경우가 있습니다. 그럴 때 표의 문자(表意 文字 : 뜻문자)인 한자로 써 보면 그 뜻과 의미를 정확히 알 수 있습니다.

둘 | 사고력을 키워 창의력을 갖게 합니다

한자는 표의 문자이기 때문에 글자 하나하나에 그 뜻이 담겨 있어 한자를 공부하면 어휘력이 증가하고, 다양한 어휘력에 의한 사고력과 분별력이 뚜렷하게 자라게 됩니다. 또한 사고력의 확장은 창의력으로 발전하게 됩니다.

셋 | 다른 학습에 도움이 됩니다

한자를 배우는 것은 중국어를 배우는 첫걸음이자 우리말의 개념을 정확히 알 수 있게 해주기 때문에 국어 어휘의 개념이나 문장의 의미를 잘 알게 될 뿐 아니라 타 과목의 개념을 이해하는 데 도움이 됩니다.

넷 | 올바른 가치관을 세울 수 있습니다

우리 조상들은 한글을 사용하기 전에 한자를 먼저 사용하여 왔습니다. 때문에 선조들의 생활과 문화를 이해하는 데는 한자 공부가 필요하며 한자로 기록된 많은 것들 속에는 면면히 유지해 온 선조들의 삶의 철학이나 지혜, 올바른 가치관을 배울 수 있어서 좋습니다.

다섯 | 진학하는 데 도움이 됩니다

초등학교에서부터 한자를 배우면 학과 공부에도 도움이 될 뿐만 아니라 중학교, 대학교에 가서도 공부하는데 큰 도움이 됩니다. 더욱이 우리의 고서(古書)들은 거의 한자로 쓰여져 있는 것이 대부분입니다.
대학 입시에서는 현재 4급 이상이면 우선 전형에 포함시키는 대학이 생겼으며, 2005년에는 제2외국어 시험에 한자가 포함된다고 합니다. 또한 취업을 할 때도 한자 자격증을 제출할 경우 유리한 점이 있다고 합니다.

여섯 | 국가 경쟁력을 키워 줍니다

21세기는 동북아 시대라는 것은 이미 서양 학자들이 예견하고 있다고 합니다. 이는 곧 한자 문화권 시대가 도래했음을 알려 줍니다. 국어 어휘의 절반 이상이 한자이고, 한자가 새로운 경제권으로 부상한 아시아-태평양 시대의 국제 문자라면 한자를 배우는 것은 당연히 국제적인 추세라고 볼 수 있습니다. 지리적으로 중국과 일본 사이에 있는 우리 한국은 한글 전용을 고집하는 문화적 고립보다는 한자를 알아서 국제화 시대의 주역이 되는 나라가 되어야 할 것입니다.

漢字의 3요소

> 漢字는 모양(形 : 형)과 소리(音 : 음), 뜻(義 : 의)으로 구성되어 있습니다. 우리가 한자를 배울 때는 이 세 가지 요소를 잘 알아야 합니다.

❶ 모양(形 : 형)

우리가 글을 쓰듯 한자에도 쓸 수 있는 자신의 모양이 있습니다. 한자가 처음 생겼을 때는 물건의 모양 비슷하였다가 점점 변하여서 지금의 한자 모습을 갖추게 되었습니다.

사물의 모양	지금의 이전 한자	지금 한자	한자의 훈(뜻)과 음(소리)
☀ → ⊙	⊙ → 日	日	해(날) 일
⛰ → ⛰	⛰ → 山	山	뫼(산) 산
🌲 → 木	木 → 木	木	나무 목

❷ 소리(音 : 음)

우리가 배울 한자에는 보통 1개 또는 1개 이상의 소리(음)를 지니고 있습니다. 한자에는 대부분 1개의 음을 지니고 있지만 2개의 음 또는 3개의 음이 있는 것도 있습니다.

北 { 북녘 북 / 달아날 배

金 { 쇠 금 / 성 김

食 { 밥 식 / 먹일 사

❸ 뜻(義 : 의)

한자에는 대부분 1개 또는 1개 이상의 뜻이 있습니다. 한자가 생기고 처음에는 원래 한 가지의 뜻이 있었는데 한자의 수효에 비해 사람들의 생각이 복잡해지고 여러 가지 뜻의 필요성에 의해 하나의 한자를 여러 가지 뜻으로 나누어 사용하기도 하였습니다.

子 (자) { 아들 / 사람 / 그대 / 훌륭한 사람

少 (소) { 젊다 / 적다

女 (녀) { 계집(여자) / 너

한자 필순의 원칙

필순이란 한자를 쓸 때 글자가 이루어져 가는 순서를 말합니다. 한자를 쓰는 순서에 따라 쓰게 되면 첫째, **바르게 쓸 수 있게 되고**, 둘째, **빠르게 쓸 수 있으며**, 셋째, **짜임새 있는 모양으로** 쓸 수가 있습니다.
한자를 쓰는 데는 크게 3대 원칙이 있는데 그것은 **위에서 아래로, 왼쪽에서 오른쪽으로, 가로에서 세로로** 쓰는 것입니다.
3대 원칙과 함께 쓰는 일반적으로 쓰이는 원칙은 다음과 같습니다.

① 위에서 아래로 쓴다.
- 王 (임금 왕)   一 二 千 王
- 三 (석(셋) 삼)   一 二 三

② 왼쪽에서 오른쪽으로 쓴다.
- 川 (내 천)   丿 刂 川
- 休 (쉴 휴)   丿 亻 仁 什 休 休

③ 가로에서 세로로 쓴다.
- 十 (열 십)   一 十
- 木 (나무 목)   一 十 才 木

④ 가운데를 먼저 쓴다.
- 出 (날 출)   丨 屮 屮 出 出
- 小 (작을 소)   丨 小 小

⑤ 바깥을 먼저 쓴다.
- 同 (한가지 동)   丨 冂 冂 冋 同 同
- 回 (돌 회)   丨 冂 冂 冋 回 回

⑥ 꿰뚫는 획은 나중에 쓴다.
- 羊 (양 양)   丶 丷 䒑 亖 羊
- 中 (가운데 중)   丨 口 口 中

⑦ 삐침은 먼저 쓴다.
- 九 (아홉 구)   丿 九
- 文 (글월 문)   丶 亠 ナ 文

⑧ 오른쪽에 있는 점은 나중에 찍는다.
- 犬 (개 견)   一 ナ 大 犬
- 代 (대신할 대)   丿 亻 仁 代 代

⑨ 받침이 독립자일 때는 먼저, 독립자가 아닐 때는 나중에 쓴다.
- 起 (일어날 기)   一 十 土 丰 未 走 起 起 起
- 道 (길 도)   丶 丷 䒑 丷 首 首 首 首 道 道 道

⑩ 필순에서 예외인 글자도 있다.
- 也 (어조사 야)   丿 乜 也
- 力 (힘 력/역)   フ 力

❖ 투명 화일에 넣어서 공부하세요. ❖

 1단계 미리보기

教	校	九	國	軍	金
南	女	年	大	東	萬
母	木	門	民	白	父
北	四	山	三	生	西
先	小	水	室	十	五
王	外	月	六	二	人
日	一	長	弟	中	青
寸	七	土	八	學	韓
兄	火	⁰약자 国	⁰약자 学	⁰약자 教	⁰약자 万

※ 절취선을 따라 잘라서 한자와 훈음을 익히면 학습효과가 뛰어납니다.

1단계 음·뜻 알기

쇠 금 / 성 김	군사 군	나라 국	아홉 구	학교 교	가르칠 교
일만 만	동녘 동	큰 대	해 년	계집 녀	남녘 남
아비 부	흰 백	백성 민	문 문	나무 목	어미 모
서녘 서	날 생	석 삼	메 산	넉 사	북녘 북
다섯 오	열 십	집 실	물 수	작을 소	먼저 선
사람 인	두 이	여섯 륙	달 월	바깥 외	임금 왕
푸를 청	가운데 중	아우 제	긴 장	한 일	날 일
한국 한	배울 학	여덟 팔	흙 토	일곱 칠	마디 촌
일만 만	가르칠 교	배울 학	나라 국	불 화	형 형

한자쓰기 **1단계**

50字 익히기

한자 쓰기 **1단계** 50字 익히기　　　　　　　　　　　학습한날　　월　　일

교육용 8급	ー ナ す 才 北 北
北	北
북녘 북	
부수ㅣ匕 총획수ㅣ5획	
관련단어	南北(남북), 北韓(북한), 北西(북서)

교육용 8급	ー 二 三
三	三
석 삼	
부수ㅣ一 총획수ㅣ3획	
관련단어	三寸(삼촌), 三國(삼국), 三七(삼칠)

교육용 8급	ㅣ 冂 𠃍 四 四
四	四
넉 사	
부수ㅣ口 총획수ㅣ5획	
관련단어	四海(사해), 四方(사방), 四寸(사촌)

교육용 8급	ノ ⺈ 牛 生 生
生	生
날 생	
부수ㅣ生 총획수ㅣ5획	
관련단어	生日(생일), 生母(생모), 生長(생장)

교육용 8급	ㅣ 山 山
山	山
메 산	
부수ㅣ山 총획수ㅣ3획	
관련단어	東山(동산), 江山(강산), 山中(산중)

교육용 8급	一 ㄧ 冂 襾 西 西
西	西
서녘 서	
부수ㅣ襾 총획수ㅣ6획	
관련단어	西山(서산), 西海(서해), 東西(동서)

교과서 한자

東山
동녘 **동**　메 **산**

동산 • 마을 부근에 있는 작은 산이나 언덕.

東山

활용 문장: 달 달 무슨 달 **東山**위에 떴지.

生日
날 **생**　날 **일**

생일 • 세상에 태어난 날.

生日

활용 문장: 친구야 **生日** 축하해요.

한자 쓰기 [1단계] 50字 익히기

학습한날   월   일

교육용 8급 先 먼저 선
부수: 儿
총획수: 6획
필순: 丿 ㅗ 半 先 先 先
관련단어: 先金(선금), 先生(선생), 先祖(선조)

교육용 8급 室 집 실
부수: 宀
총획수: 9획
필순: 丶 宀 宀 宀 宀 宀 宀 室 室
관련단어: 敎室(교실), 室長(실장), 室內(실내)

교육용 8급 小 작을 소
부수: 小
총획수: 3획
필순: 丨 小 小
관련단어: 小國(소국), 大小(대소), 小人(소인)

교육용 8급 十 열 십
부수: 十
총획수: 2획
필순: 一 十
관련단어: 十年(십년), 十中八九(십중팔구), 七十(칠십)

교육용 8급 水 물 수
부수: 水
총획수: 4획
필순: 丨 ㅋ 水 水
관련단어: 生水(생수), 冷水(냉수), 溫水(온수)

교육용 8급 五 다섯 오
부수: 二
총획수: 4획
필순: 一 丁 五 五
관련단어: 五行(오행), 四五(사오), 五十(오십)

교과서 한자

先生 먼저 선 / 날 생
선생 • 학생을 가르치는 사람.

활용 문장: 누가 先生님 역할을 하면 될까?

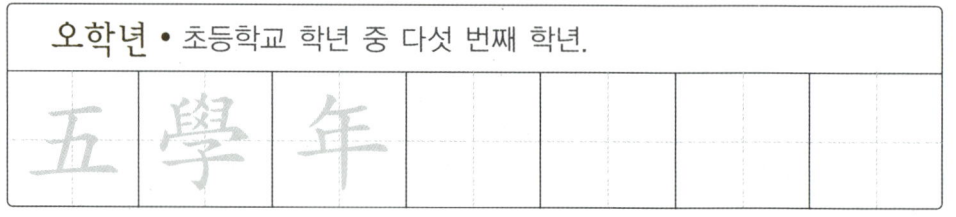

五學年 다섯 오 / 배울 학 / 해 년
오학년 • 초등학교 학년 중 다섯 번째 학년.

활용 문장: 五學年이 되어서도 너를 잊지 못할 거야.

한자 쓰기 1단계 50字 익히기

학습한날   월   일

교육용 8급 — 日
필순: 丨 冂 日 日
날 일
부수: 日
총획수: 4획
관련단어: 生日(생일), 日月(일월), 日出(일출)

교육용 8급 — 弟
필순: 丶 丷 屮 弐 弟 弟
아우 제
부수: 弓
총획수: 7획
관련단어: 兄弟(형제), 弟子(제자)

교육용 8급 — 一
필순: 一
한 일
부수: 一
총획수: 1획
관련단어: 一年(일년), 一日(일일), 一月(일월)

교육용 8급 — 中
필순: 丨 冂 口 中
가운데 중
부수: 丨
총획수: 4획
관련단어: 中學校(중학교), 中小(중소), 中國(중국)

교육용 8급 — 長
필순: 丨 ⺊ ⺊ 厂 乕 長 長 長
긴 장
부수: 長
총획수: 8획
관련단어: 校長(교장), 長年(장년), 長短(장단)

교육용 8급 — 靑
필순: 一 十 龶 主 丰 青 青 青
푸를 청
부수: 靑
총획수: 8획
관련단어: 靑年(청년), 靑軍(청군), 靑色(청색)

교과서 한자

兄弟 — 형 형 / 아우 제
형제 · 형과 아우를 아울러 이르는 말.
활용 문장: 兄弟들은 정답고 우애 있게 살아야 합니다.

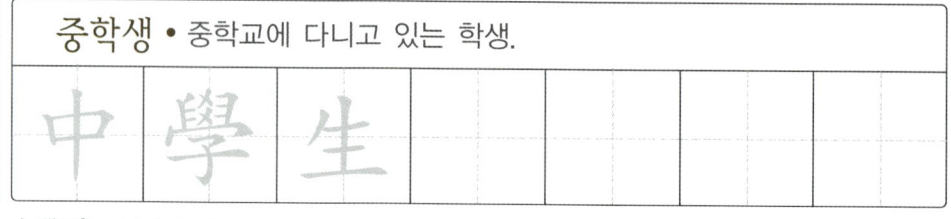

中學生 — 가운데 중 / 배울 학 / 날 생
중학생 · 중학교에 다니고 있는 학생.
활용 문장: 초등학교를 졸업하면 中學生이 됩니다.

한자 쓰기 1단계 50字 익히기   학습한날   월   일

■ 약자 써보기 ●

■ 교과서 한자 ●

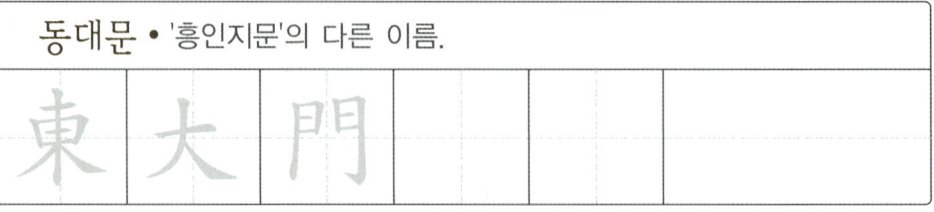

활용 문장   東大門을 활짝 열어라.

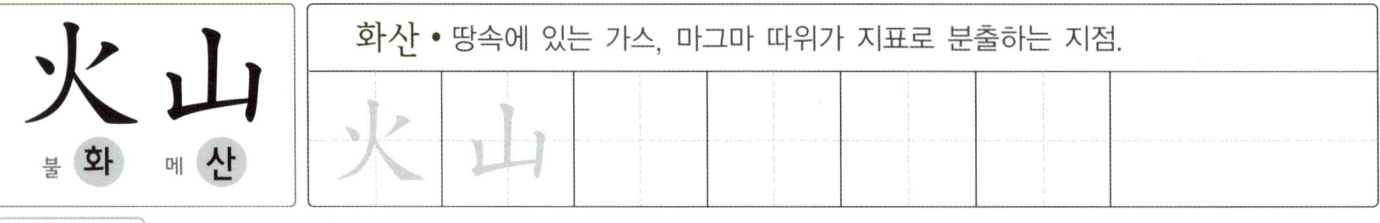

활용 문장   한라산은 火山으로 이루어진 산입니다.

한자 쓰기 1단계 50字 익히기 학습한날   월   일

핵심 문제

■ 다음 한자의 훈·음을 쓰세요.

1. 校   2. 室   3. 國
4. 靑   5. 外   6. 弟

■ 다음 연결된 한자 중 나머지와 관계가 다른 한자는 무엇입니까?

7. ① 兄 - 弟   ② 敎 - 學   ③ 父 - 母   ④ 女 - 王
8. ① 東 - 西   ② 南 - 北   ③ 人 - 民   ④ 大 - 小

■ 다음 지도를 보고 (   )안에 알맞은 한자를 쓰세요.

9. 북(   )

10. 서(   )   11. 동(   )

12. 남(   )

핵심 문제

■ 다음 물음에 답을 한자로 쓰세요.

13. 四더하기 五는? ·· (   )

14. 十五나누기 五는? ······································· (   )

15. 七빼기 一은? ··· (   )

■ 다음 물음에 답하시오.

16. 다음 중 사람과 관계 없는 한자는 무엇입니까? ············(   )
   ① 女   ② 父   ③ 王   ④ 中

17. 다음 한자 중 가장 큰 숫자는 무엇입니까? ···············(   )
   ① 三   ② 十   ③ 萬   ④ 九

■ 다음 한자를 필순에 맞게 쓰세요.

보기	九 → ノ 九

18. 水

19. 火

20. 父

1단계 최종 점검 문제

※ 다음 글을 읽고 밑줄 친 한자(漢字)의 독음(讀音:읽는 소리)을 쓰세요. (1~16)

보기   子 → 자

* ⑴大⑵韓⑶民⑷國의 ⑸軍⑹人들이 나라를 지킵니다. 나라를 지키는 아저씨들 덕분에 우리는 ⑺學⑻校에서 공부를 열심히 할 수 있습니다. ⑼敎⑽室에서는 ⑾先⑿生님 말씀을 잘 듣고 집에서는 ⒀父⒁母님 말씀에 잘 따르며 ⒂兄⒃弟들과 사이좋게 지내겠습니다.

(1) 大　　(2) 韓　　(3) 民
(4) 國　　(5) 軍　　(6) 人
(7) 學　　(8) 校　　(9) 敎
(10) 室　　(11) 先　　(12) 生
(13) 父　　(14) 母　　(15) 兄
(16) 弟

※ 다음 글을 읽고 밑줄 친 낱말에 알맞은 한자(漢字)를 〈보기〉에서 찾아 그 번호를 쓰세요. (17~31)

보기
① 五 ② 七 ③ 六 ④ 八 ⑤ 一
⑥ 十 ⑦ 九 ⑧ 二 ⑨ 山 ⑩ 北
⑪ 木 ⑫ 東 ⑬ 靑 ⑭ 南 ⑮ 西

* 우리나라는 ⒄동쪽으로 ⒅푸른 바다가 있고 ⒆서쪽에는 너른 들판이 있습니다.

* ⒇남쪽에는 섬들이 많으며 (21)북쪽에는 (22)산들이 많습니다.

* (23)다섯, (24)여섯, (25)일곱, (26)여덟

* (27)아홉에 (28)하나를 더하면 (29)열이 됩니다.

* (30)두 사람이 힘을 합쳐서 (31)나무를 심습니다.

※ 알맞은 한자(漢字)를 〈보기〉에서 찾아 그 번호를 쓰세요. (32~37)

보기
① 外　② 水　③ 中
④ 火　⑤ 日　⑥ 月

(32) 해　　(33) 달　　(34) 물
(35) 불　　(36) 바깥　(37) 가운데

1단계 최종 점검 문제

※ 다음 한자(漢字)의 훈(訓: 뜻)과 음(音: 소리)을 쓰세요. (38~48)

보기	子 → 아들 자

(38) 金   (39) 寸   (40) 長
(41) 三   (42) 四   (43) 小
(44) 女   (45) 王   (46) 門
(47) 土   (48) 萬

※ 다음 물음에 답하세요. (49~50)

(49)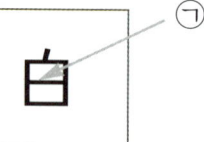

㉠ 획의 쓰는 순서를 아래에서 골라 번호를 쓰세요.

① 첫 번째   ② 두 번째
③ 세 번째   ④ 네 번째

(50)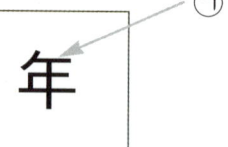

㉠ 획의 쓰는 순서를 아래에서 골라 번호를 쓰세요.

① 첫 번째   ② 두 번째
③ 세 번째   ④ 네 번째

❖ 투명 화일에 넣어서 공부하세요.❖

 2단계-① 미리보기

歌	家	間	江	車	空
工	口	記	氣	旗	男
內	農	答	道	冬	洞
動	同	登	來	力	老
里	林	立	每	面	命
名	文	問	物	方	百
不	夫	事	算	上	色
夕	姓	世	所	少	數
手	時	市	食	植	心

※ 절취선을 따라 잘라서 한자와 훈음을 익히면 학습효과가 뛰어납니다.

2단계-① 음·뜻 알기

빌 공	수레 거/차	강 강	사이 간	집 가	노래 가
사내 남	기 기	기운 기	기록할 기	입 구	장인 공
고을 동 / 밝을 통	겨울 동	길 도	대답 답	농사 농	안 내
늙을 로	힘 력	올 래	오를 등	한가지 동	움직일 동
목숨 명	낯 면	매양 매	설 립	수풀 림	마을 리
일백 백	모 방	물건 물	물을 문	글월 문	이름 명
빛 색	위 상	셈 산	일 사	지아비 부	아니 불/부
셈 수	적을 소	바 소	인간 세	성 성	저녁 석
마음 심	심을 식	밥 식	저자 시	때 시	손 수

❖ 투명 화일에 넣어서 공부하세요. ❖

 2단계-② 미리보기

安	語	然	午	右	有
育	邑	入	字	自	子
場	電	前	全	正	祖
足	左	住	主	重	地
紙	直	川	千	天	草
村	秋	春	出	便	平
下	夏	漢	海	花	話
活	孝	後	休	来(약자)	気(약자)

※ 절취선을 따라 잘라서 한자와 훈음을 익히면 학습효과가 뛰어납니다.

2단계 - ② 음·뜻 알기

있을 유	오른 우	낮 오	그럴 연	말씀 어	편안할 안
아들 자	스스로 자	글자 자	들 입	고을 읍	기를 육
할아비 조	바를 정	온전 전	앞 전	번개 전	마당 장
땅 지	무거울 중	주인 주	살 주	왼 좌	발 족
풀 초	하늘 천	일천 천	내 천	곧을 직	종이 지
평평할 평	편할 편 / 똥오줌 변	날 출	봄 춘	가을 추	마을 촌
말씀 화	꽃 화	바다 해	한수 한	여름 하	아래 하
기운 기	올 래	쉴 휴	뒤 후	효도 효	살 활

한자쓰기 **2단계**

100字 익히기

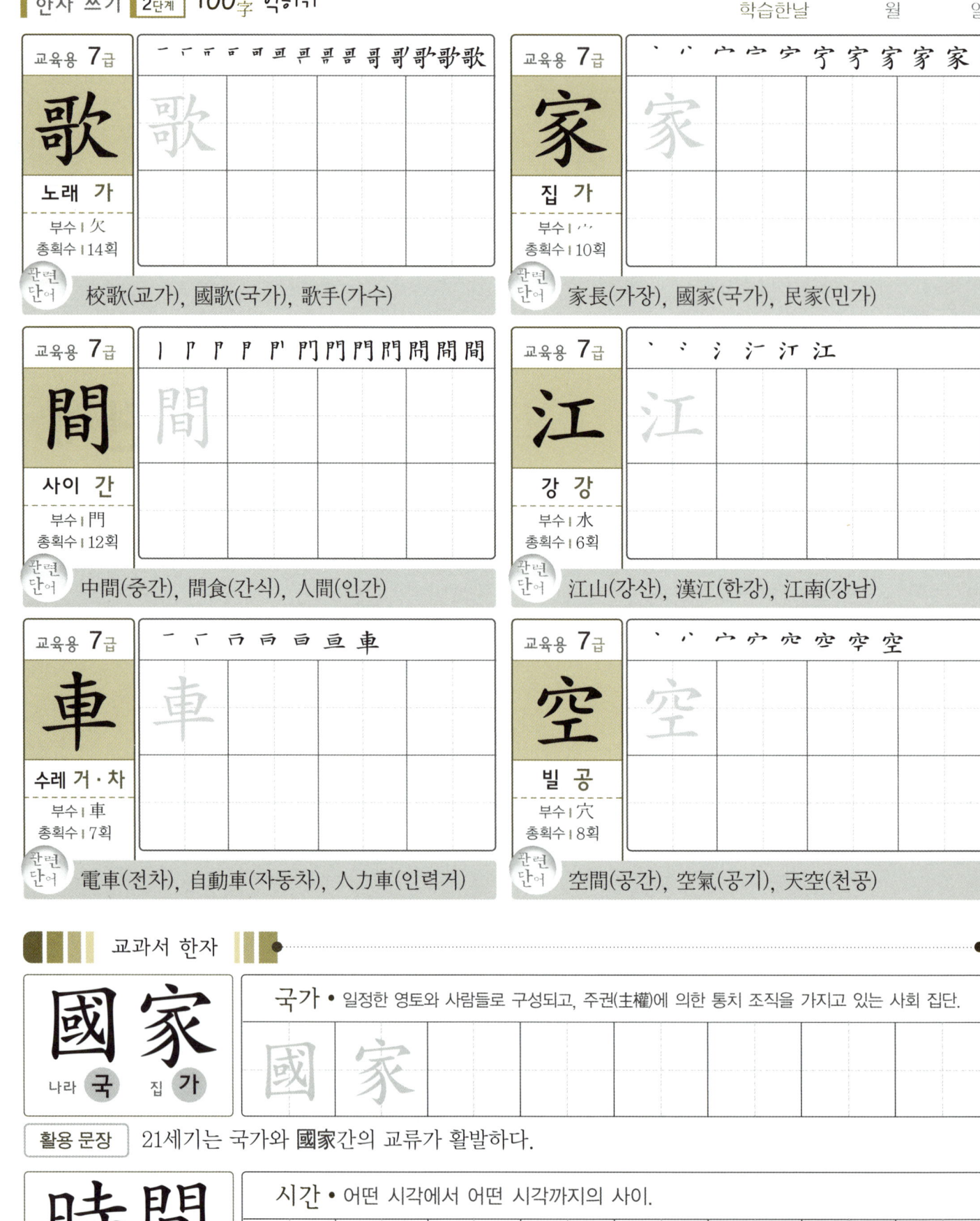

| 한자 쓰기 | 2단계 | 100字 익히기 | | | 학습한날 | 월 | 일 |

교육용 7급

工 장인 공
부수 | 工
총획수 | 3획

一 丁 工
工

관련단어: 工場(공장), 工人(공인), 工夫(공부)

교육용 7급

口 입 구
부수 | 口
총획수 | 3획

丨 冂 口
口

관련단어: 入口(입구), 食口(식구), 人口(인구)

교육용 7급

記 기록할 기
부수 | 言
총획수 | 10획

丶 一 一 三 言 言 言 記 記 記
記

관련단어: 日記(일기), 記事(기사), 紀錄(기록)

교육용 7급

氣 기운 기
부수 | 气
총획수 | 10획

丿 𠂉 仁 气 气 氣 氣 氣 氣 氣
氣

관련단어: 空氣(공기), 日氣(일기), 人氣(인기)

교육용 7급

旗 기 기
부수 | 方
총획수 | 14획

丶 一 亠 方 方 方 扩 斻 旂 旌 旌 旗 旗 旗
旗

관련단어: 國旗(국기), 校旗(교기), 白旗(백기)

교육용 7급

男 사내 남
부수 | 田
총획수 | 7획

丨 冂 冂 田 田 罗 男
男

관련단어: 男子(남자), 男女(남녀), 長男(장남)

교과서 한자

日氣 날 일 · 기운 기

일기 · 날씨

日 氣

활용 문장: 내일 日氣예보에 비가 온다고 하였습니다.

日記 날 일 · 기록할 기

일기 · 날마다 그날그날 겪은 일이나 생각, 느낌 따위를 적는 개인의 기록.

日 記

활용 문장: 매일 매일 日記는 자기가 써야 합니다.

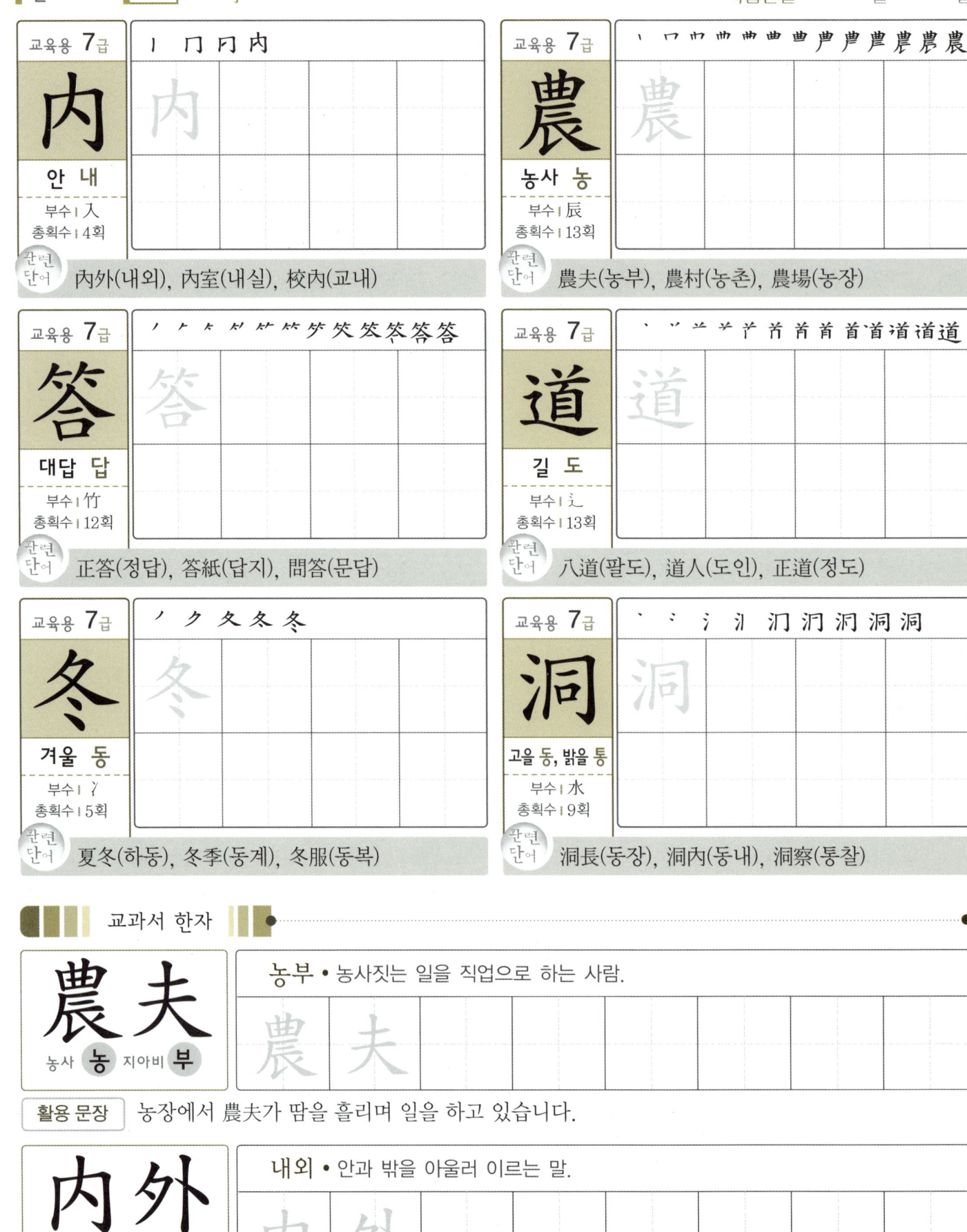

한자 쓰기 2단계 100字 익히기

학습한날   월   일

교육용 7급 動
` ´ 二 壬 丐 丐 台 审 重 重 動 動`

움직일 동
부수 | 力
총획수 | 11획

관련단어: 動力(동력), 自動(자동), 動物(동물)

교육용 7급 同
`| 冂 冂 同 同 同`

한가지 동
부수 | 口
총획수 | 6획

관련단어: 同名(동명), 同行(동행), 同學(동학)

교육용 7급 登
`⁊ ⁊ ㇇ ゲ ゲ 癶 癶 癶 癶 登 登 登`

오를 등
부수 | 癶
총획수 | 12획

관련단어: 登校(등교), 登場(등장), 登山(등산)

교육용 7급 來
`一 ㇏ ⼑ 巫 巫 夾 來 來`

올 래
부수 | 人
총획수 | 8획

관련단어: 來日(내일), 未來(미래), 來年(내년)

교육용 7급 力
`⁊ 力`

힘 력
부수 | 力
총획수 | 2획

관련단어: 自力(자력), 國力(국력), 體力(체력)

교육용 7급 老
`一 十 土 耂 耂 老`

늙을 로
부수 | 老
총획수 | 6획

관련단어: 老人(노인), 老年(노년), 老木(노목)

교과서 한자

動物
움직일 **동**　물건 **물**

동물 • 생물계의 두 갈래 가운데 하나.

활용 문장: **動物**원에는 여러 가지 **動物**이 많습니다.

登場
오를 **등**　마당 **장**

등장 • 무대나 연단 따위에 나옴.

활용 문장: 동화 구연대회에서 동생이 **登場**人物로 나옵니다.

한자 쓰기 2단계 100字 익히기

학습한날   월   일

里 마을 리 (교육용 7급)
부수: 里 / 총획수: 7획
필순: ㅣ 冂 曰 日 甲 里 里
관련 단어: 洞里(동리), 里長(이장), 村里(촌리)

林 수풀 림 (교육용 7급)
부수: 木 / 총획수: 8획
필순: 一 十 才 木 木 村 材 林
관련 단어: 林木(임목), 林業(임업), 樹林(수림)

立 설 립 (교육용 7급)
부수: 立 / 총획수: 5획
필순: 丶 一 亠 亣 立
관련 단어: 國立(국립), 直立(직립), 市立(시립)

每 매양 매 (교육용 7급)
부수: 毋 / 총획수: 7획
필순: 丿 一 亻 每 每 每 每
관련 단어: 每日(매일), 每番(매번), 每年(매년)

面 낯 면 (교육용 7급)
부수: 面 / 총획수: 9획
필순: 一 丆 丂 币 而 而 面 面 面
관련 단어: 面長(면장), 前面(전면), 地面(지면)

命 목숨 명 (교육용 7급)
부수: 口 / 총획수: 8획
필순: 丿 人 亼 今 合 合 命 命
관련 단어: 天命(천명), 命令(명령), 下命(하명)

교과서 한자

直立 곧을 직 / 설 립
직립 • 꼿꼿하게 바로 섬.

활용 문장: 인간은 **直立**보행을 하면서 손을 자유롭게 쓸 수 있게 되었다.

每年 매양 매 / 해 년
매년 • 매해.

활용 문장: 우리는 **每年**마다 소풍을 간다.

34

한자 쓰기 2단계 100字 익히기

학습한날   월   일

교육용 7급

名 이름 명
부수 | 口
총획수 | 6획

필순: ノ ク タ 夕 名 名

관련 단어: 姓名(성명), 人名(인명), 國名(국명)

교육용 7급

文 글월 문
부수 | 文
총획수 | 4획

필순: 、 一 ナ 文

관련 단어: 國文(국문), 文字(문자), 文章(문장)

교육용 7급

問 물을 문
부수 | 口
총획수 | 11획

필순: １ Ｐ Ｐ Ｐ Ｐ 門 門 門 問 問 問

관련 단어: 問答(문답), 下問(하문), 質問(질문)

교육용 7급

物 물건 물
부수 | 牛
총획수 | 8획

필순: ノ 二 牛 牛 牜 牧 物 物

관련 단어: 植物(식물), 動物(동물), 事物(사물)

교육용 7급

方 모 방
부수 | 方
총획수 | 4획

필순: 、 一 亠 方

관련 단어: 方法(방법), 方向(방향), 四方(사방)

교육용 7급

百 일백 백
부수 | 白
총획수 | 6획

필순: 一 二 ア 万 百 百

관련 단어: 百年(백년), 百花(백화), 百姓(백성)

교과서 한자

姓名
성 성   이름 명

성명 • 성과 이름을 아울러 이르는 말.

활용 문장: 姓名을 부르면 두 손을 높이 들어주세요.

萬物
일만 만   물건 물

만물 • 세상에 있는 모든 것.

활용 문장: 人間은 萬物의 영장입니다.

한자 쓰기 2단계 100字 익히기

학습한날   월   일

교육용 7급 — 夕 (저녁 석)
필순: ノ ク 夕
부수: 夕
총획수: 3획
관련 단어: 秋夕(추석), 七夕(칠석), 朝夕(조석)

교육용 7급 — 姓 (성 성)
필순: く 女 女 女 妒 姓 姓
부수: 女
총획수: 8획
관련 단어: 姓名(성명), 同姓(동성), 百姓(백성)

교육용 7급 — 世 (인간 세)
필순: 一 十 卅 world 世
부수: 一
총획수: 5획
관련 단어: 世上(세상), 世界(세계), 世子(세자)

교육용 7급 — 所 (바 소)
필순: ´ ㄏ ㄕ ㄗ 戶 所 所 所
부수: 戶
총획수: 8획
관련 단어: 所重(소중), 場所(장소), 便所(변소)

교육용 7급 — 少 (적을 소)
필순: ノ 亅 小 少
부수: 小
총획수: 4획
관련 단어: 多少(다소), 靑少年(청소년), 老少(노소)

교육용 8급 — 數 (셈 수)
필순: ` 口 甲 甲 甲 甲 串 串 婁 婁 婁 數 數 數
부수: 攵
총획수: 15획
관련 단어: 算數(산수), 數學(수학), 實數(실수)

교과서 한자

秋夕 (가을 추 · 저녁 석)
추석 • 우리나라 명절의 하나. 음력 팔월 보름날.

활용 문장: 음력 팔월 십오일은 한가위 秋夕입니다.

所重 (바 소 · 무거울 중)
소중 • 매우 귀중(貴重)함.

활용 문장: 우리나라의 고유문자 한글은 所重한 문화유산입니다.

37

한자 쓰기 2단계 100字 익히기

학습한날   월   일

교육용 8급
手 손 수
부수: 手
총획수: 4획
필순: 一 二 三 手
관련 단어: 歌手(가수), 手足(수족), 手法(수법)

교육용 8급
時 때 시
부수: 日
총획수: 10획
필순: 丨 冂 日 日 旪 旪 昨 晧 時 時
관련 단어: 時間(시간), 同時(동시), 時空(시공)

교육용 7급
市 저자 시
부수: 巾
총획수: 5획
필순: 丶 一 亠 市 市
관련 단어: 市場(시장), 市立(시립), 都市(도시)

교육용 7급
食 밥 식
부수: 食
총획수: 9획
필순: 丿 人 𠆢 今 今 今 食 食 食
관련 단어: 食事(식사), 食水(식수), 食堂(식당)

교육용 7급
植 심을 식
부수: 木
총획수: 12획
필순: 一 十 才 木 木 朴 柘 柏 桔 植 植 植
관련 단어: 植物(식물), 植樹(식수), 植木日(식목일)

교육용 7급
心 마음 심
부수: 心
총획수: 4획
필순: 丶 心 心 心
관련 단어: 內心(내심), 心身(심신), 人心(인심)

교과서 한자

手足 손 수 · 발 족
수족 · 손발.
활용 문장: 할머니는 **手足**이 불편하셔서 거동이 불편하시다.

植物 심을 식 · 물건 물
식물 · 생물계의 두 갈래 가운데 하나.
활용 문장: 비무장지대에는 세계적으로 희귀한 **植物**이 많습니다.

한자 쓰기 2단계 100字 익히기   학습한날   월   일

핵심 문제

■ 다음 한자의 훈·음을 쓰세요.

1. 間   2. 答   3. 登
4. 每   5. 物   6. 算

■ 다음 연결된 한자 중 나머지와 관계가 다른 한자는 무엇입니까?

7. ① 老 - 少   ② 上 - 下   ③ 問 - 答   ④ 男 - 子
8. ① 冬 - 同   ② 氣 - 記   ③ 名 - 命   ④ 夕 - 月

■ 다음 그림에 알맞은 한자를 쓰세요.

9. 낯 면(   )
10. 손 수(   )
11. 입 구(   )
12. 발 족(   )

핵심 문제

■ 다음 훈음에 알맞은 한자를 쓰세요.

13. 나라 국 (   )

14. 군사 군 (   )

15. 일만 만 (   )

■ 다음 물음에 답하시오.

16. 다음 중 계절과 관련된 한자는 무엇입니까? ·············(   )

① 空   ② 冬   ③ 物   ④ 色

17. 다음 한자 중 독음이 다른 것은 무엇입니까? ············(   )

① 文   ② 問   ③ 門   ④ 物

■ 다음 한자를 필순에 맞게 쓰세요.

보기	九 → ノ 九

18. 力

19. 內

20. 世

한자 쓰기 2단계 100字 익히기

학습한날   월   일

교육용 7급

安 편안 안
부수 : 宀
총획수 : 6획

필순: 丶 宀 宁 安 安

관련단어: 安全(안전), 不安(불안), 安心(안심)

교육용 7급

語 말씀 어
부수 : 言
총획수 : 14획

필순: 丶 亠 亍 言 言 言 訂 訢 語 語 語 語

관련단어: 國語(국어), 言語(언어), 口語(구어)

교육용 7급

然 그럴 연
부수 : 火
총획수 : 12획

필순: 丿 ク タ タ ダ 外 狀 狀 然 然 然 然

관련단어: 自然(자연), 全然(전연), 必然(필연)

교육용 7급

午 낮 오
부수 : 十
총획수 : 4획

필순: 丿 二 午

관련단어: 午後(오후), 午前(오전), 正午(정오)

교육용 7급

右 오른 우
부수 : 口
총획수 : 5획

필순: 丿 ナ 才 右 右

관련단어: 左右(좌우), 右便(우편), 右足(우족)

교육용 7급

有 있을 유
부수 : 肉
총획수 : 6획

필순: 丿 ナ 才 冇 有 有

관련단어: 有無(유무), 有識(유식), 有名(유명)

교과서 한자

正午
바를 정 / 낮 오

정오 • 낮 열두 시.

활용 문장: 낮 12시를 正午라고 합니다.

自然
스스로 자 / 그럴 연

자연 • 사람의 힘이 더해지지 아니하고 세상에 스스로 존재하거나 우주에 저절로 이루어지는 모든 존재나 상태.

활용 문장: 불쌍한 생각에 自然 눈물이 흘렀다.

한자 쓰기 2단계 100字 익히기

학습한날 월 일

育 기를 육
교육용 7급
부수: 肉
총획수: 8획
획순: 丶 亠 云 产 产 育 育 育
관련단어: 敎育(교육), 育兒(육아), 生育(생육)

邑 고을 읍
교육용 7급
부수: 邑
총획수: 7획
획순: 丨 口 口 吕 吕 吕 邑
관련단어: 郡邑(군읍), 邑內(읍내), 邑長(읍장)

入 들 입
교육용 7급
부수: 入
총획수: 2획
획순: 丿 入
관련단어: 出入(출입), 入學(입학), 入口(입구)

字 글자 자
교육용 7급
부수: 子
총획수: 6획
획순: 丶 丷 宀 宀 字 字
관련단어: 漢字(한자), 文字(문자), 正字(정자)

自 스스로 자
교육용 7급
부수: 自
총획수: 6획
획순: 丿 亻 冂 白 白 自
관련단어: 自動(자동), 自然(자연), 自己(자기)

子 아들 자
교육용 7급
부수: 子
총획수: 3획
획순: 乛 了 子
관련단어: 子女(자녀), 男子(남자), 女子(여자)

교과서 한자

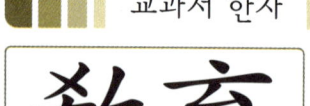
敎育 가르칠 교 / 기를 육

교육 · 지식과 기술 따위를 가르치며 인격을 길러 줌.

활용 문장: 어린아이들을 올바르게 敎育하다.

出入 날 출 / 들 입

출입 · 어느 곳을 드나듦.

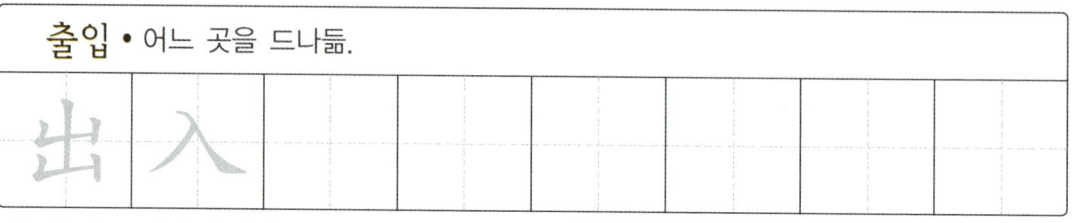

활용 문장: 아버님은 出入 하시고 안계십니다.

한자 쓰기 2단계 100字 익히기

교육용 7급 場
一十土圹圹圻坦坦坦坦場場場
마당 장
부수: 土
총획수: 12획
관련 단어: 工場(공장), 市場(시장), 場所(장소)

교육용 7급 電
一厂戶币币乕乕乕雪雷雷電
번개 전
부수: 雨
총획수: 13획
관련 단어: 電氣(전기), 電話(전화), 電子(전자)

교육용 7급 前
丷丷广并并肯前前
앞 전
부수: 刀
총획수: 9획
관련 단어: 前後(전후), 前面(전면), 前生(전생)

교육용 7급 全
丿人人仐仐全
온전 전
부수: 入
총획수: 6획
관련 단어: 全然(전연), 安全(안전), 全體(전체)

교육용 7급 正
一丁下正正
바를 정
부수: 止
총획수: 5획
관련 단어: 正直(정직), 正答(정답), 正午(정오)

교육용 7급 祖
一二于亍示礻礻刊刑祖祖
할아비 조
부수: 示
총획수: 10획
관련 단어: 祖父(조부), 祖母(조모), 祖上(조상)

교과서 한자

電氣
번개 **전** 기운 **기**

전기 • 물질 안에 있는 전자 또는 공간에 있는 자유 전자나 이온들의 움직임 때문에 생기는 에너지의 한 형태.

활용 문장: 사고가 나자 그 지역의 **電氣** 공급을 중단하였다.

祖上
할아비 **조** 윗 **상**

조상 • 돌아간 어버이 위로 대대의 어른.

활용 문장: **祖上** 덕에 이밥을 먹는다.

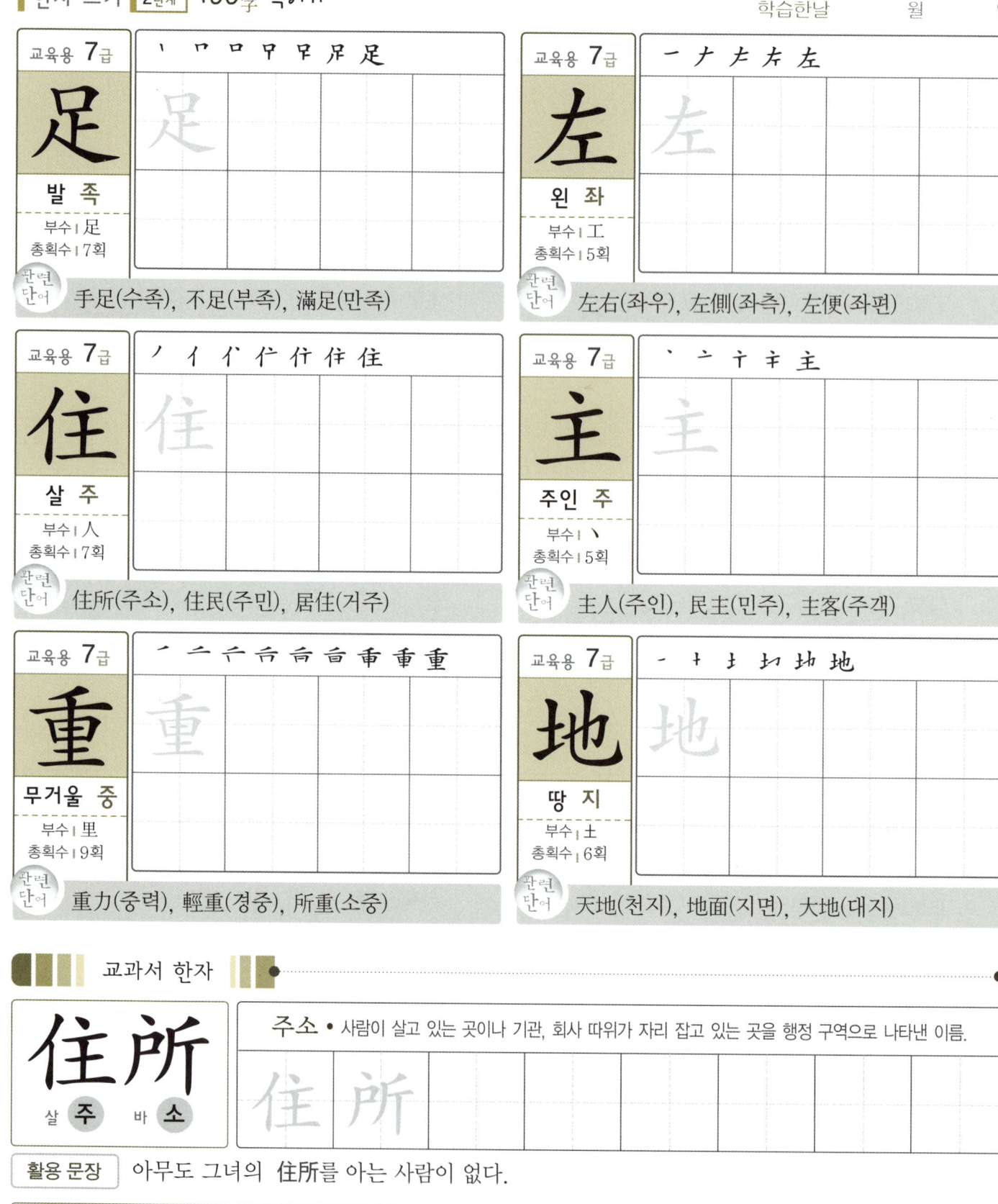

한자 쓰기 2단계 100字 익히기

학습한날   월   일

교육용 7급

下 아래 하
부수 : 一
총획수 : 3획

필순: 一 丁 下

관련 단어: 上下(상하), 下衣(하의), 下命(하명)

교육용 7급

夏 여름 하
부수 : 夂
총획수 : 10획

필순: 一 丆 丆 丆 百 百 頁 夏 夏

관련 단어: 夏服(하복), 夏冬(하동), 立夏(입하)

교육용 7급

漢 한수 한
부수 : 水
총획수 : 14획

필순: 丶 丶 氵 汋 汋 汋 淖 淖 淖 漢 漢

관련 단어: 漢字(한자), 漢文(한문), 漢江(한강)

교육용 7급

海 바다 해
부수 : 水
총획수 : 10획

필순: 丶 丶 氵 汁 海 海 海 海

관련 단어: 海水(해수), 東海(동해), 南海(남해)

교육용 7급

花 꽃 화
부수 : 艹
총획수 : 8획

필순: 丶 卝 艹 艹 节 花 花

관련 단어: 白花(백화), 花草(화초), 國花(국화)

교육용 7급

話 말씀 화
부수 : 言
총획수 : 13획

필순: 丶 亠 亠 言 言 言 言 訁 訐 訐 話 話

관련 단어: 電話(전화), 對話(대화), 手話(수화)

교과서 한자

上下
윗 상 아래 하

상하 · 위와 아래를 아울러 이르는 말.

활용 문장: 지겟작대기를 上下로 흔들었다.

電話
번개 전 말씀 화

전화 · 전화기를 이용하여 말을 주고받음.

활용 문장: 조금 전에 선생님께 안부 電話가 왔어요.

한자 쓰기 2단계 100字 익히기

학습한날   월   일

교육용 7급	活	살 활	부수 氵水 총획수 9획
관련단어: 生活(생활), 活力(활력), 活氣(활기)

획순: 丶丶氵氵汒汗活活活

교육용 7급	孝	효도 효	부수 子 총획수 7획
관련단어: 孝道(효도), 孝心(효심), 孝子(효자)

획순: 一十土耂耂孝孝

교육용 7급	後	뒤 후	부수 彳 총획수 9획
관련단어: 後日(후일), 前後(전후), 後食(후식)

획순: 丿彳彳彳彳彳後後後

교육용 7급	休	쉴 휴	부수 人 총획수 6획
관련단어: 休日(휴일), 休息(휴식), 休紙(휴지)

획순: 丿亻仁什休休

약자 써보기

교육용 8급	来	올 래	부수 人 총획수 7획

교육용 8급	気	기운 기	부수 气 총획수 6획

교과서 한자

孝道 (효도 효 / 길 도)
효도 • 부모를 잘 섬기는 도리.

활용 문장: 늙으신 부모님은 자식의 지극한 **孝道**를 받고 있습니다.

休日 (쉴 휴 / 날 일)
휴일 • 일요일이나 공휴일 따위의 일을 하지 아니하고 쉬는 날.

활용 문장: 이번 **休日**에는 자연사 박물관에 가기로 했습니다.

十中八九 (십중팔구)

'열에 여덟이나 아홉' 이란 뜻으로,
① 열 가운데 여덟이나 아홉이 된다는 뜻. 곧, 거의 다 됨을 가리키는 말
② 예외 없이 거의 그러할 것이라는 추측을 나타내는 말

- 十 열 **십** (十, 총 2획) 　　八 여덟 **팔** (八, 총 2획)　　• 동의어 : **십상팔구**
  中 가운데 **중** (丨, 총 4획)　九 아홉 **구** (乙, 총 2획)　　　　　　　(十常八九)

- 활용 문장 : 그는 달리기 시합에서 십중팔구(十中八九) 중도에서 포기하고 말것이다.

글/그림 이상민

| 한자 쓰기 2단계 100字 익히기 | | | | 학습한날   월   일 |

1단계 복습문제

■ 다음 한자의 독음을 쓰세요.

教	校	九	國	軍
가르칠 교				
南	女	年	大	東
母	木	門	民	白
北	四	山	三	生
先	小	水	室	十
				학습한날 월 일

한자 쓰기 2단계 100자 익히기   학습한날   월   일

1단계 복습문제

■ 다음 훈·음에 알맞은 한자를 쓰세요.

임금 왕	바깥 외	달 월	여섯 륙	두 이
사람 인	날 일	한 일	긴 장	아우 제
가운데 중	푸를 청	마디 촌	일곱 칠	흙 토
여덟 팔	배울 학	다섯 오	형 형	불 화
쇠 금, 성 김	일만 만	아비 부	서녘 서	한국 한

51

핵심 문제

■ 다음 한자의 훈·음을 쓰세요.

1. 然
2. 育
3. 海
4. 祖
5. 春
6. 電

■ 다음 연결된 한자 중 나머지와 관계가 다른 한자는 무엇입니까?

7. ① 萬 - 万   ② 國 - 国   ③ 學 - 学   ④ 海 - 每
8. ① 前 - 後   ② 春 - 秋   ③ 正 - 直   ④ 出 - 入

■ 다음 가계도를 보고 ( )안에 알맞은 한자를 쓰세요.

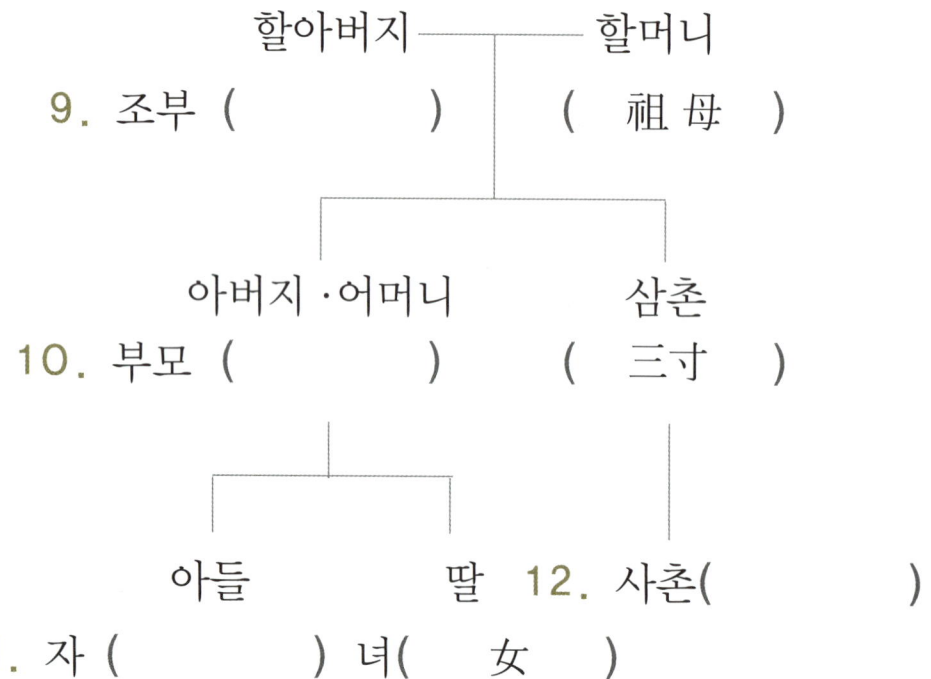

핵심 문제

■ 다음 물음에 답을 한자로 쓰세요.

13. 나이를 높여서 이르는 한자어는 무엇입니까? .... (   )

14. 사람의 성과 이름을 무엇이라고 합니까? .... (   )

15. 낮 12시를 한자어로 무엇이라고 합니까? .... (   )

■ 다음 물음에 답하시오.

16. 다음 중 신체와 관련이 없는 한자는? .... (   )

① 足　　　　② 手　　　　③ 口　　　　④ 村

17. 다음 중 물과 관련이 없는 한자는? (   )

① 川　　　　② 海　　　　③ 江　　　　④ 木

■ 다음 한자를 필순에 맞게 쓰세요.

보기	九 → ノ 九

18. 川

19. 入

20. 出

2단계 최종 점검 문제

※ 다음 漢字語(한자어)의 讀音(독음)을 쓰세요. (1~32)

보기	漢字 → 한자

(1) 百姓　　　　(2) 冬草
(3) 靑軍　　　　(4) 世祖
(5) 國花　　　　(6) 市內
(7) 國旗　　　　(8) 午後
(9) 登山　　　　(10) 出口
(11) 孝女　　　　(12) 便紙
(13) 全然　　　　(14) 面上
(15) 正字　　　　(16) 活動
(17) 問安　　　　(18) 下人
(19) 萬民　　　　(20) 兄弟
(21) 時方　　　　(22) 農村
(23) 春夏　　　　(24) 校長
(25) 休學　　　　(26) 每事
(27) 入場　　　　(28) 直答
(29) 不足　　　　(30) 中間
(31) 少數　　　　(32) 空氣

※ 다음 漢字(한자)의 訓(훈:뜻)과 音(음:소리)을 쓰세요. (33~51)

보기	字 → 글자 자

(33) 家　　　　(34) 記
(35) 敎　　　　(36) 有
(37) 道　　　　(38) 林
(39) 年　　　　(40) 重
(41) 夕　　　　(42) 白
(43) 話　　　　(44) 男
(45) 市　　　　(46) 命
(47) 海　　　　(48) 右
(49) 文　　　　(50) 算
(51) 歌

※ 다음 漢字語(한자어)의 뜻을 우리말로 쓰세요. (52~53)

(52) 室外　　　　(53) 名所

※ 다음 訓(훈:뜻)과 音(음:소리)에 맞는 漢字(한자)를 〈보기〉에서 골라 그 번호를 쓰세요. (54~63)

보기	① 住　② 邑　③ 秋　④ 語 ⑤ 里　⑥ 金　⑦ 育　⑧ 工 ⑨ 物　⑩ 主

(54) 장인 공　　　(55) 물건 물
(56) 마을 리　　　(57) 기를 육

2단계 최종 점검 문제

(58) 살 주 (59) 주인 주
(60) 가을 추 (61) 고을 읍
(62) 쇠 금 (63) 말씀 어

※ ( )에 알맞은 한자(漢字)를 〈보기〉에서 찾아 그 번호를 쓰세요. (64~65)

보기	① 四 ② 先 ③ 地 ④ 後 ⑤ 火 ⑥ 足

(64) 前 ↔ (   )
(65) 手 ↔ (   )

※ 다음 문장에서 밑줄 친 단어의 漢字(한자)를 〈보기〉에서 골라 그 번호를 쓰세요. (66)

보기	① 植後 ② 食後 ③ 食前 ④ 門前

(66) 나는 식후에 물을 꼭 마십니다.
(   )

※ 다음 문장에서 밑줄 친 단어와 같은 뜻을 지닌 漢字(한자)를 〈보기〉에서 골라 그 번호를 쓰세요. (67~68)

보기	① 百 ② 自 ③ 車 ④ 手

(67) 상혁이는 스스로 공부를 합니다.
(   )

(68) 우리 아기는 손이 아주 작습니다.
(   )

※ 다음 물음에 답하세요. (69~70)

(69)

㉠ 획의 쓰는 순서를 아래에서 골라 번호를 쓰세요.
① 네 번째 ② 다섯 번째
③ 여섯 번째 ④ 일곱 번째

(70) 男 ←㉠

㉠ 획의 쓰는 순서를 아래에서 골라 번호를 쓰세요.
① 첫 번째 ② 두 번째
③ 네 번째 ④ 여섯 번째

만화로 익히는 사자성어

三十六計 (삼십육계)

① 서른 여섯 가지의 계략
② 형편이 불리할 때 '달아나는 일'을 속되게 이르는 말

- 三 석 삼 (一, 총 3획)
- 十 열 십 (十, 총 2획)
- 六 여섯 륙/육 (八, 총 4획)
- 計 꾀 계 (言, 총 9획)

- 활용 문장 : 호랑이를 만난 토끼가 삼십육계(三十六計) 줄행랑을 쳤다.

글/그림 이상민

❖ 투명 화일에 넣어서 공부하세요.❖

 3단계-① 미리보기

各	角	感	强	開	京
計	界	高	苦	古	功
公	共	科	果	光	交
球	區	郡	近	根	今
急	級	多	短	堂	待
代	對	圖	度	讀	童
頭	等	樂	例	禮	路
綠	理	李	利	明	目
聞	米	美	朴	班	反

※ 절취선을 따라 잘라서 한자와 훈음을 익히면 학습효과가 뛰어납니다.

3단계-① 음·뜻 알기

서울 경	열 개	강할 강	느낄 감	뿔 각	각각 각
공 공	예 고	쓸 고	높을 고	지경 계	셈 계
사귈 교	빛 광	실과 과	과목 과	함께 공	공변될 공
이제 금	뿌리 근	가까울 근	고을 군	구분할/지경 구	공 구
기다릴 대	집 당	짧을 단	많을 다	등급 급	급할 급
아이 동	읽을 독 / 구절 두	법도 도 / 헤아릴 탁	그림 도	대할 대	대신 대
길 로	예도 례	법식 례	즐거울 락 / 풍류 악 / 좋아할 요	무리 등	머리 두
눈 목	밝을 명	이할 리	오얏 리	다스릴 리	푸를 록
돌이킬 반	나눌 반	성 박	아름다울 미	쌀 미	들을 문

❖ 투명 화일에 넣어서 공부하세요.❖

 3단계-② 미리보기

半	發	放	番	別	病
服	本	部	分	社	死
使	書	石	席	線	雪
省	成	消	速	孫	樹
術	習	勝	始	式	神
身	信	新	失	愛	野
夜	藥	弱	陽	洋	言
業	永	英	溫	勇	用
運	園	遠	油	由	銀

※ 절취선을 따라 잘라서 한자와 훈음을 익히면 학습효과가 뛰어납니다.

3단계-② 음·뜻 알기

병⦿병	다를⦿별	차례⦿번	놓을⦿방	필⦿발	반⦿반
죽을⦿사	모일⦿사	나눌⦿분	떼⦿부	근본⦿본	옷⦿복
눈⦿설	줄⦿선	자리⦿석	돌⦿석	글⦿서	하여금⦿사
나무⦿수	손자⦿손	빠를⦿속	사라질⦿소	이룰⦿성	살필⦿성 / 덜⦿생
귀신⦿신	법⦿식	비로소⦿시	이길⦿승	익힐⦿습	재주⦿술
들⦿야	사랑⦿애	잃을⦿실	새⦿신	믿을⦿신	몸⦿신
말씀⦿언	큰바다⦿양	볕⦿양	약할⦿약	약⦿약	밤⦿야
쓸⦿용	날랠⦿용	따뜻할⦿온	꽃부리⦿영	길⦿영	업⦿업
은⦿은	말미암을⦿유	기름⦿유	멀⦿원	동산⦿원	옮길⦿운

❖ 투명 화일에 넣어서 공부하세요.❖

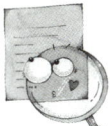 3단계-③ 미리보기

飮	音	意	衣	醫	者
昨	作	章	在	才	戰
庭	定	題	第	朝	族
晝	注	集	窓	淸	體
親	太	通	特	表	風
合	行	幸	向	現	形
號	畵	和	黃	會	訓
약자 区	약자 対	약자 図	약자 読	약자 楽	약자 礼
약자 発	약자 树	약자 医	약자 体	약자 号	약자 画

※ 절취선을 따라 잘라서 한자와 훈음을 익히면 학습효과가 뛰어납니다.

3단계-③ 음·뜻 알기

놈 자	의원 의	옷 의	뜻 의	소리 음	마실 음
싸움 전	재주 재	있을 재	글 장	지을 작	어제 작
겨레 족	아침 조	차례 제	제목 제	정할 정	뜰 정
몸 체	맑을 청	창 창	모을 집	부을 주	낮 주
바람 풍	겉 표	특별할 특	통할 통	클 태	친할 친
모양 형	나타날 현	향할 향	다행 행	다닐 행	합할 합
가르칠 훈	모일 회	누를 황	화할 화	그림 화	이름 호
예도 례	즐거울 락	읽을 독	그림 도	대할 대	지경 구
그림 화	이름 호	몸 체	의원 의	나무 수	필 발

한자쓰기 **3** 단계

150字 익히기

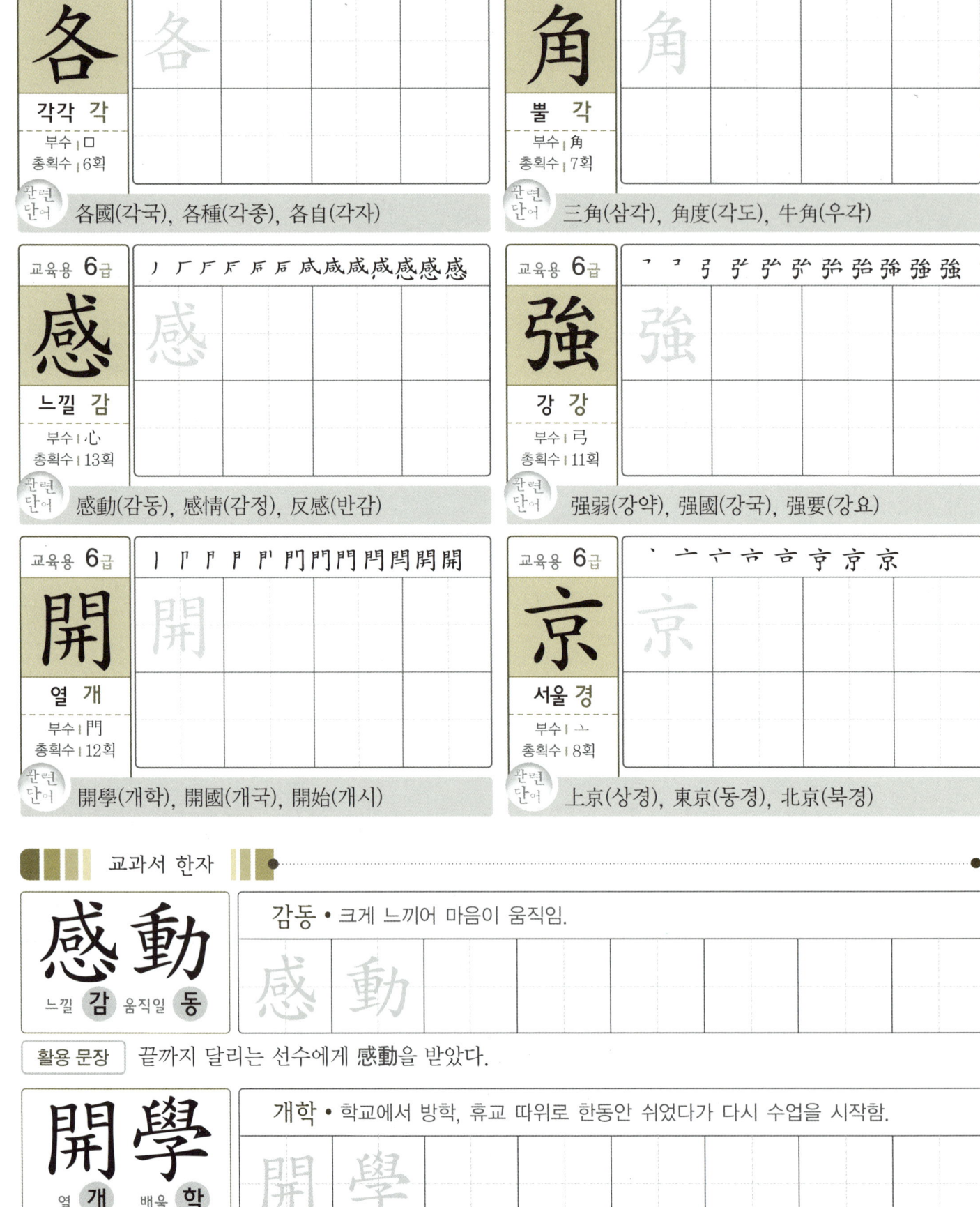

한자 쓰기 3단계 150字 익히기

학습한날   월   일

教育用 6급 — 計 (셈 계)
`、一十十言言言言計計`
부수: 言
총획수: 9획
관련단어: 計算(계산), 計劃(계획), 計數(계수)

教育用 6급 — 界 (지경 계)
`丨口囗四田田.界界界`
부수: 田
총획수: 9획
관련단어: 世界(세계), 境界(경계), 各界(각계)

教育用 6급 — 高 (높을 고)
`、一十十古古高高高高`
부수: 高
총획수: 10획
관련단어: 高級(고급), 高低(고저), 高山(고산)

教育用 6급 — 苦 (쓸 고)
`丨十十廾廾苦苦苦`
부수: 艹
총획수: 5획
관련단어: 苦行(고행), 苦痛(고통), 苦心(고심)

教育用 6급 — 古 (예 고)
`一十十古古`
부수: 口
총획수: 5획
관련단어: 古今(고금), 古木(고목), 古物(고물)

教育用 6급 — 功 (공 공)
`一丁工功功`
부수: 力
총획수: 5획
관련단어: 成功(성공), 功勞(공로), 功績(공적)

교과서 한자

計算 — 셀 계, 셈 산

계산 • 수를 헤아림.

활용 문장: 이 물건은 이미 **計算**을 하였습니다.

古今 — 예 고, 이제 금

고금 • 예전과 지금을 아울러 이르는 말.

활용 문장: 그녀는 **古今**을 통하여 위대한 철학자 입니다.

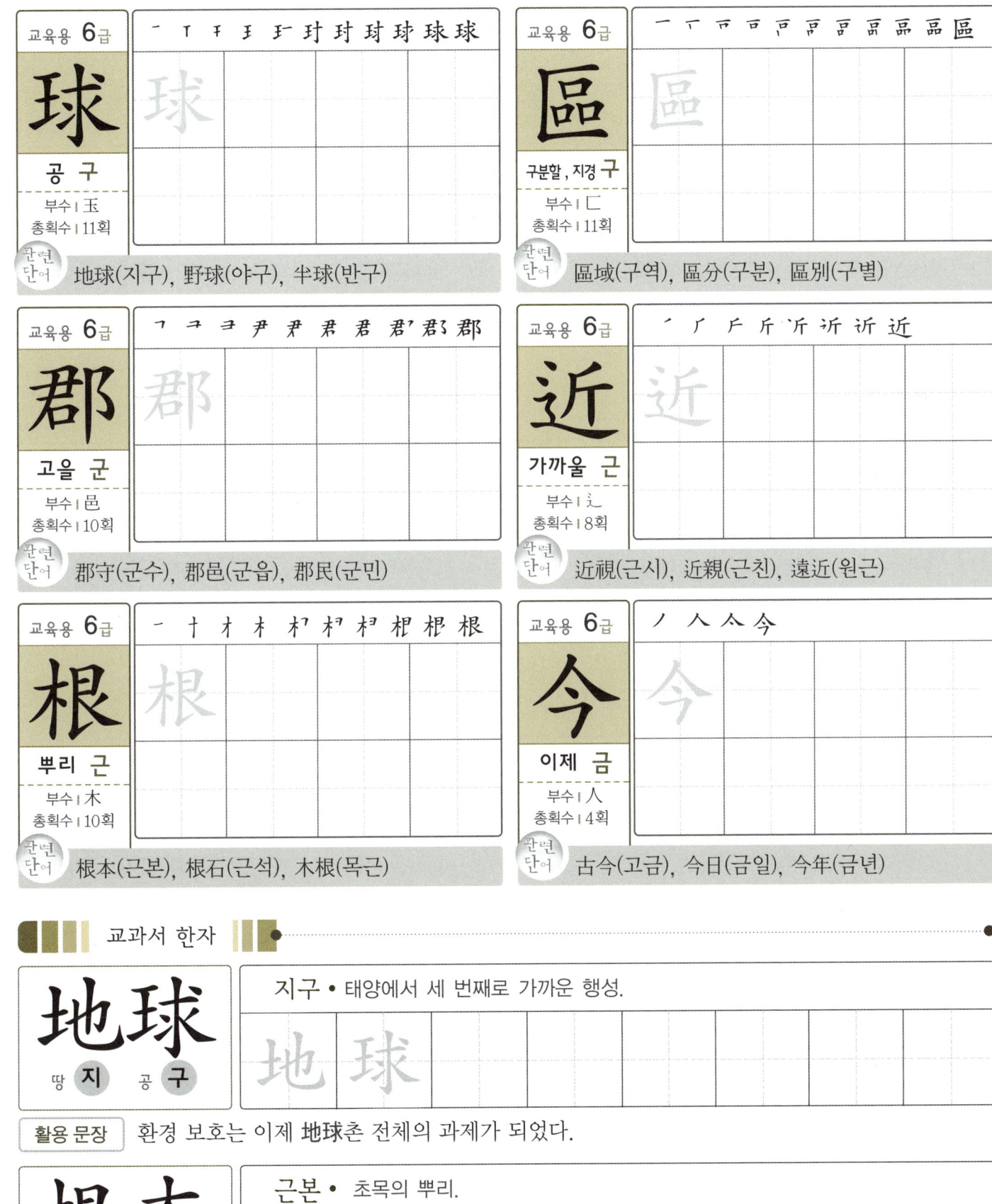

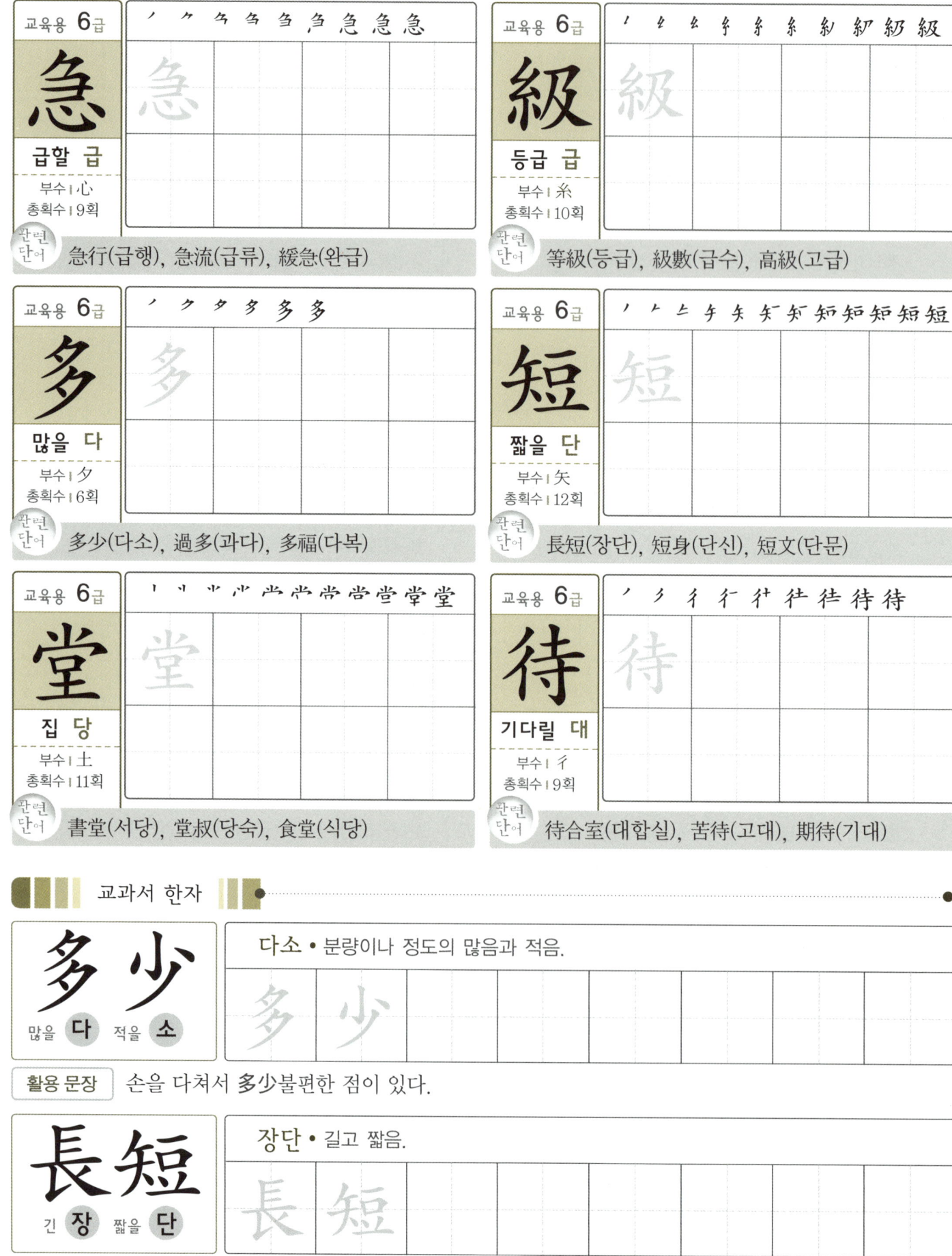

한자 쓰기 **3단계** 150字 익히기   학습한날   월   일

교육용 6급	ノ 亻 亻 代 代
代 대신 대 부수|人 총획수|5획	
관련단어	現代(현대), 代身(대신), 代行(대행)

교육용 6급	丨 丨 丨 丨 丨 业 业 뽀 뽀 丵 丵 뿊-對 對
對 대할 대 부수|寸 총획수|14획	
관련단어	對話(대화), 相對(상대), 對立(대립)

교육용 6급	丨 冂 冂 冂 冋 冋 冏 周 周 周 周 圖 圖
圖 그림 도 부수|囗 총획수|14획	
관련단어	地圖(지도), 圖畫(도화), 圖謀(도모)

교육용 6급	丶 亠 广 广 广 庐 庐 庐 度
度 법도 도, 헤아릴 탁 부수|广 총획수|9획	
관련단어	法度(법도), 程度(정도), 度地(탁지)

교육용 6급	丶 亠 言 言 言 訁 訁 訁 訁 詰 諿 諿 讀 讀 讀 讀 讀 讀 讀
讀 읽을 독, 구절 두 부수|言 총획수|22획	
관련단어	讀書(독서), 吏讀(이두), 讀書室(독서실)

교육용 6급	丶 亠 丶 立 产 产 音 音 音 童 童 童
童 아이 동 부수|立 총획수|12획	
관련단어	童謠(동요), 兒童(아동), 童心(동심)

■■■ 교과서 한자 ■■■

代身
대신 대 몸 신

대신 • 어떤 대상과 자리를 바꾸어서 있게 되거나 어떤 대상이 하게 될 구실을 바꾸어서 하게 됨.

활용 문장 : 그녀의 얼굴이 예쁜 代身 마음씨는 고약하다.

讀書
읽을 독 글 서

독서 • 책을 읽음.

활용 문장 : 가을은 讀書의 계절입니다.

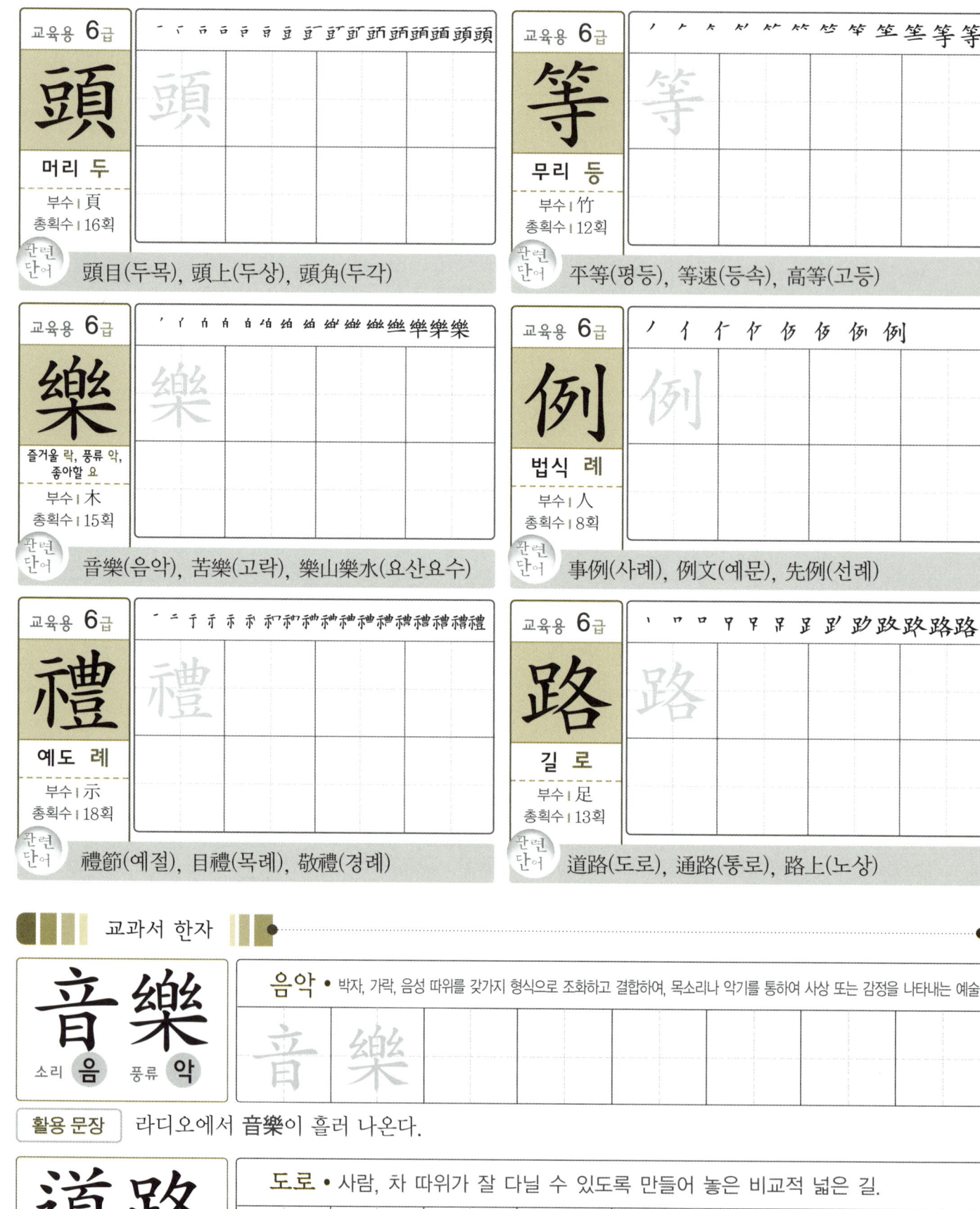

한자 쓰기 3단계 150字 익히기   학습한날   월   일

핵심 문제

■ 다음 한자의 훈·음을 쓰세요.

1. 感　　　　2. 光　　　　3. 今
4. 路　　　　5. 讀　　　　6. 聞

■ 다음 연결된 한자 중 나머지와 다른 관계의 한자는 무엇입니까?

7. ① 古 - 今　② 長 - 短　③ 道 - 路　④ 多 - 少
8. ① 區 - 区　② 對 - 对　③ 樂 - 楽　④ 大 - 小

■ 다음 그림에 알맞은 한자를 쓰세요.

9. 실과 과 (　　　)

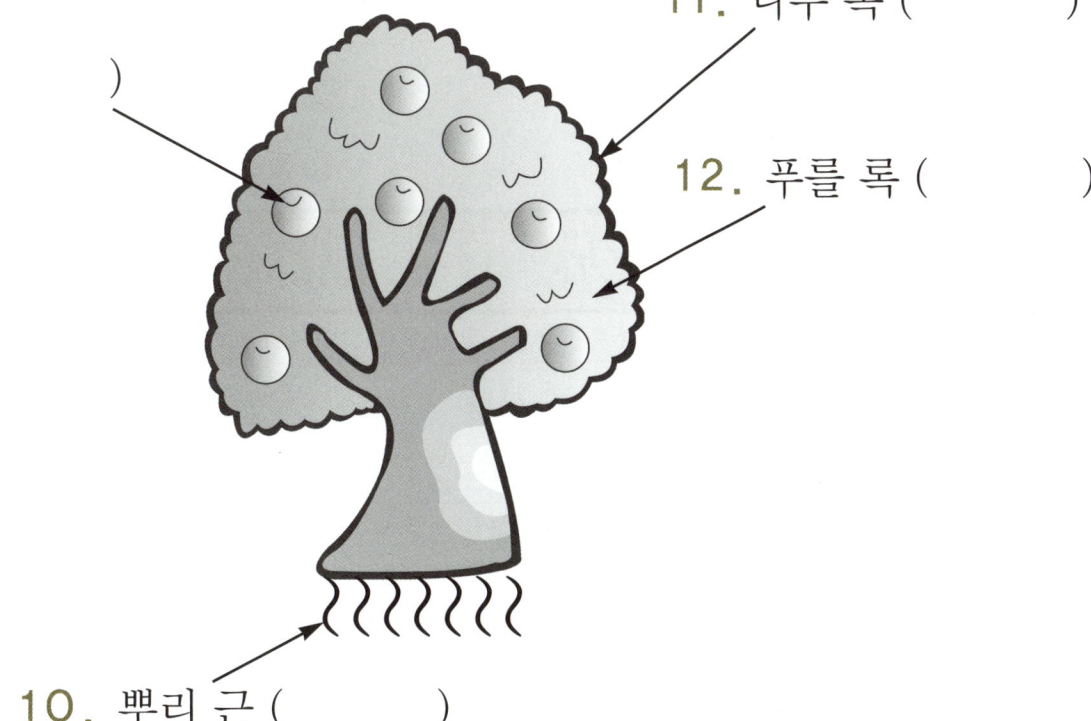

11. 나무 목 (　　　)

12. 푸를 록 (　　　)

10. 뿌리 근 (　　　)

한자 쓰기 3단계 150字 익히기   학습한날   월   일

핵심 문제

■ 다음 훈·음에 알맞은 한자를 쓰세요.

13. 급할 급 (   )

14. 셈 계   (   )

15. 들을 문 (   )

■ 다음 물음에 답하세요.

16. 다음 중 곡식과 관련된 한자는 무엇입니까? …………(   )
① 童   ② 米   ③ 共   ④ 計

17. 다음 한자 중 독음이 다른 것은 무엇입니까? …………(   )
① 古   ② 高   ③ 苦   ④ 反

■ 다음 한자를 필순에 맞게 쓰세요.

| 보기 | 九 → ノ 九 |

18. 近

19. 開

20. 光

한자 쓰기 [3단계] 150字 익히기

학습한날   월   일

교육용 6급	半 반 반	부수 ┼ 총획수 5획
획순: ` ` ´ ´ 二 半
관련단어: 半切(반절), 半球(반구)

| 교육용 6급 | 發 필 발 | 부수 癶 총획수 12획 |
획순: ㄱ ㅋ ㅋ' ㅋ'' 癶 癶 癶 發 發 發 發
관련단어: 發展(발전), 發達(발달), 開發(개발)

| 교육용 6급 | 放 놓을 방 | 부수 攵 총획수 8획 |
획순: ` 亠 亠 方 方 圥 於 放
관련단어: 放火(방화), 放置(방치), 放送(방송)

| 교육용 6급 | 番 차례 번 | 부수 田 총획수 12획 |
획순: ノ ヽ 亠 ㅛ 平 平 釆 釆 番 番 番 番
관련단어: 番地(번지), 每番(매번), 番號(번호)

| 교육용 6급 | 別 다를 별 | 부수 刀 총획수 7획 |
획순: ` ㅁ ㅁ 号 另 別 別
관련단어: 區別(구별), 別名(별명), 差別(차별)

| 교육용 6급 | 病 병 병 | 부수 疒 총획수 10획 |
획순: ` 亠 广 广 疒 疒 疒 病 病 病
관련단어: 病院(병원), 病名(병명), 疾病(질병)

교과서 한자

開發 열 개 · 필 발

개발 • 토지나 천연자원 따위를 개척하여 유용하게 만듦.

활용 문장: 새로운 식품이 **開發**되어 외국시장에 반응이 좋다.

區別 구분할 구 · 다를 별

구별 • 성질이나 종류에 따라 나타나는 차이.

활용 문장: 두 자매는 너무 닮아서 잘 **區別**되지 않는다.

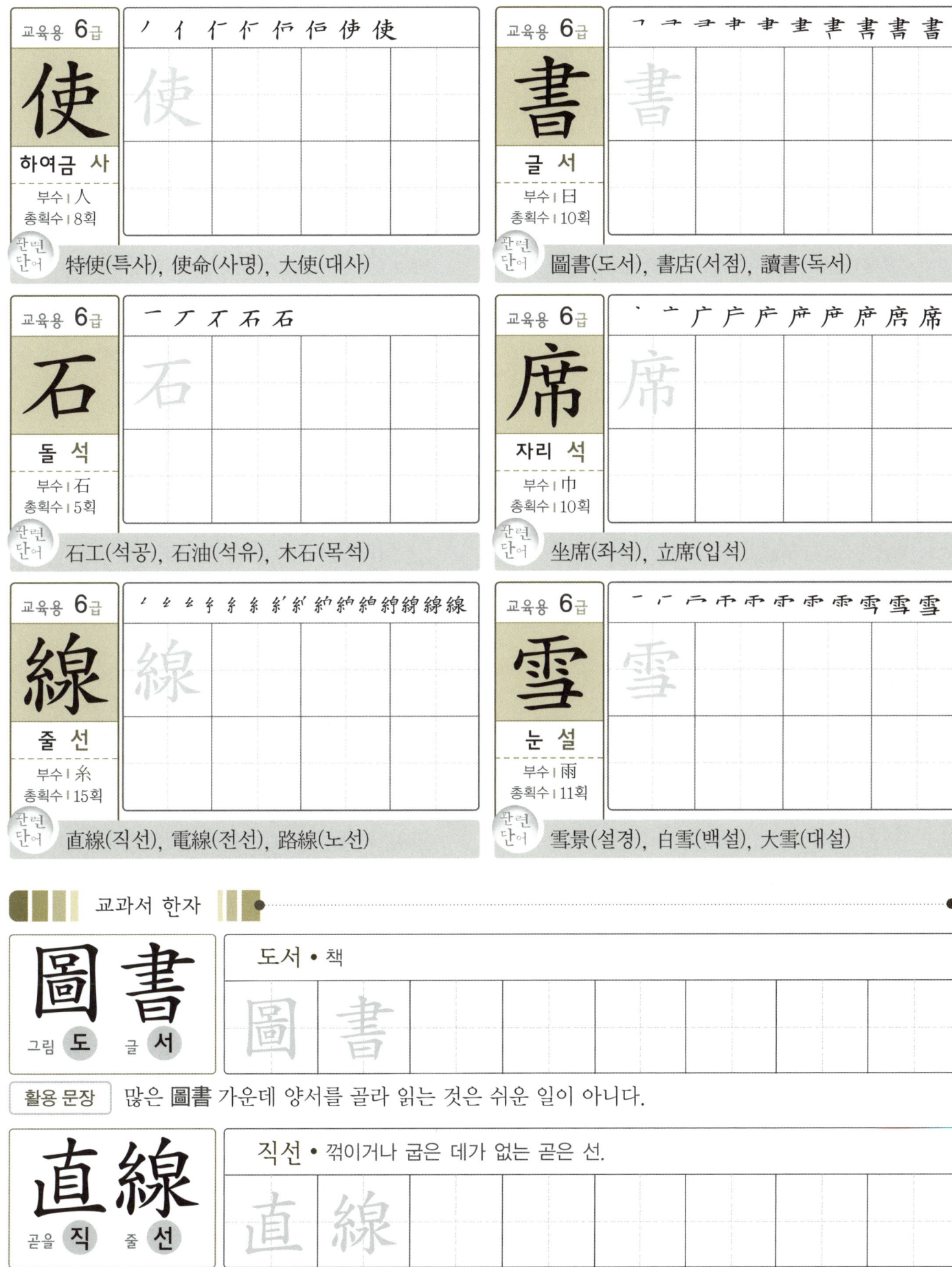

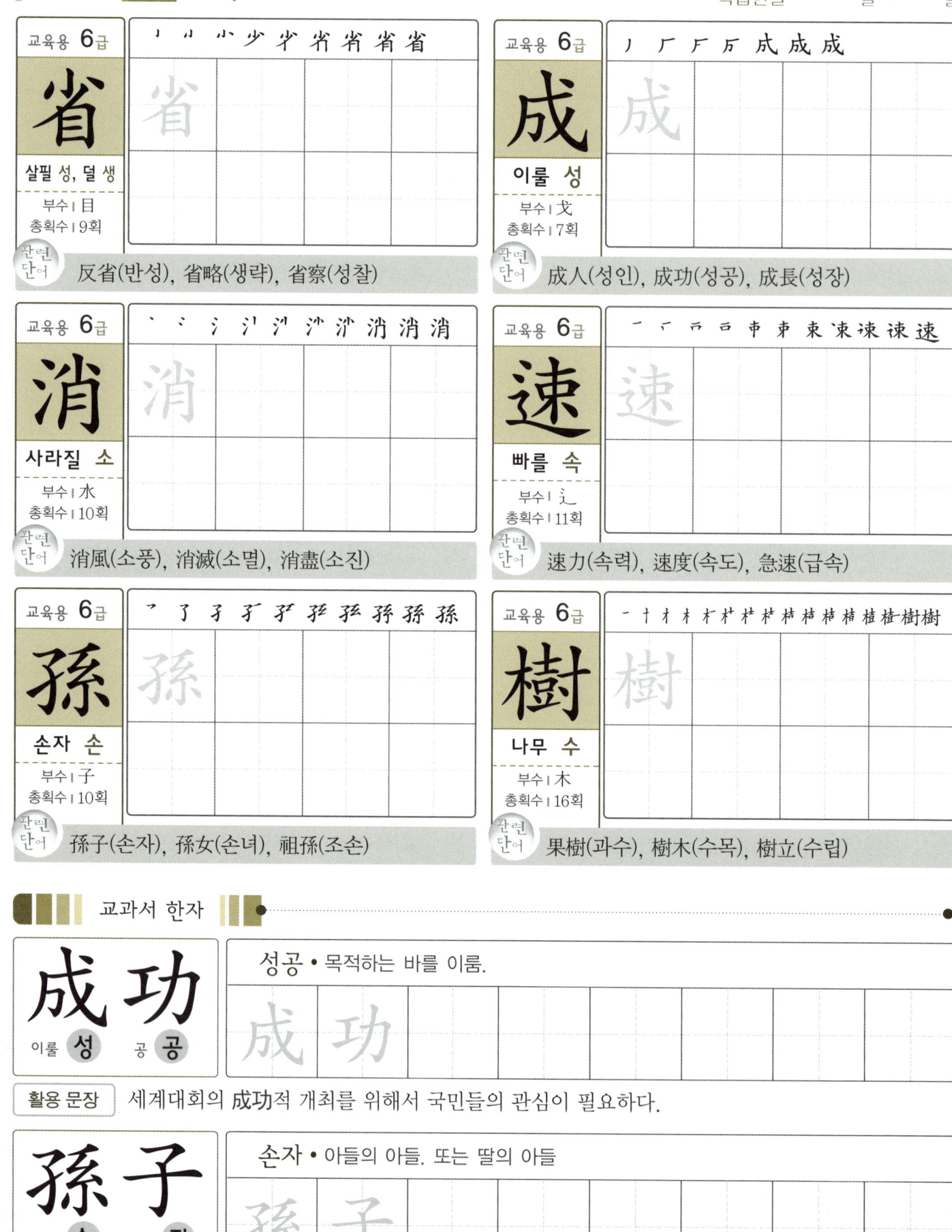

한자 쓰기 3단계 150字 익히기   학습한날   월   일

교육용 6급	丿 ㇒ 彳 彳 犭 犰 犰 术 术 術 術
術 재주 술 부수ㅣ行 총획수ㅣ11획	

관련 단어: 技術(기술), 美術(미술), 醫術(의술)

교육용 6급	丨 刁 习 羽 羽 羽 習 習 習 習 習
習 익힐 습 부수ㅣ羽 총획수ㅣ11획	

관련 단어: 學習(학습), 自習(자습), 練習(연습)

교육용 6급	丿 月 月 月 月 朋 胖 胖 朕 勝 勝
勝 이길 승 부수ㅣ力 총획수ㅣ12획	

관련 단어: 勝利(승리), 勝敗(승패), 勝戰(승전)

교육용 6급	く 夕 女 女 女 如 始 始
始 비로소 시 부수ㅣ女 총획수ㅣ8획	

관련 단어: 始作(시작), 開始(개시), 始終(시종)

교육용 6급	一 二 テ 크 式 式
式 법 식 부수ㅣ弋 총획수ㅣ6획	

관련 단어: 式場(식장), 公式(공식), 法式(법식)

교육용 6급	一 二 丁 亍 亓 示 和 和 神 神
神 귀신 신 부수ㅣ示 총획수ㅣ10획	

관련 단어: 精神(정신), 鬼神(귀신), 神位(신위)

교과서 한자

勝利
이길 승 · 이할 리

승리 • 겨루어서 이김.

활용 문장: 적의 작전에 勝利해야만 전쟁에 이길 수 있다.

始作
비로소 시 · 지을 작

시작 • 어떤 일이나 행동의 처음 단계를 이룸. 또는 그 단계.

활용 문장: 내 일과의 始作은 신문을 읽는 것이다.

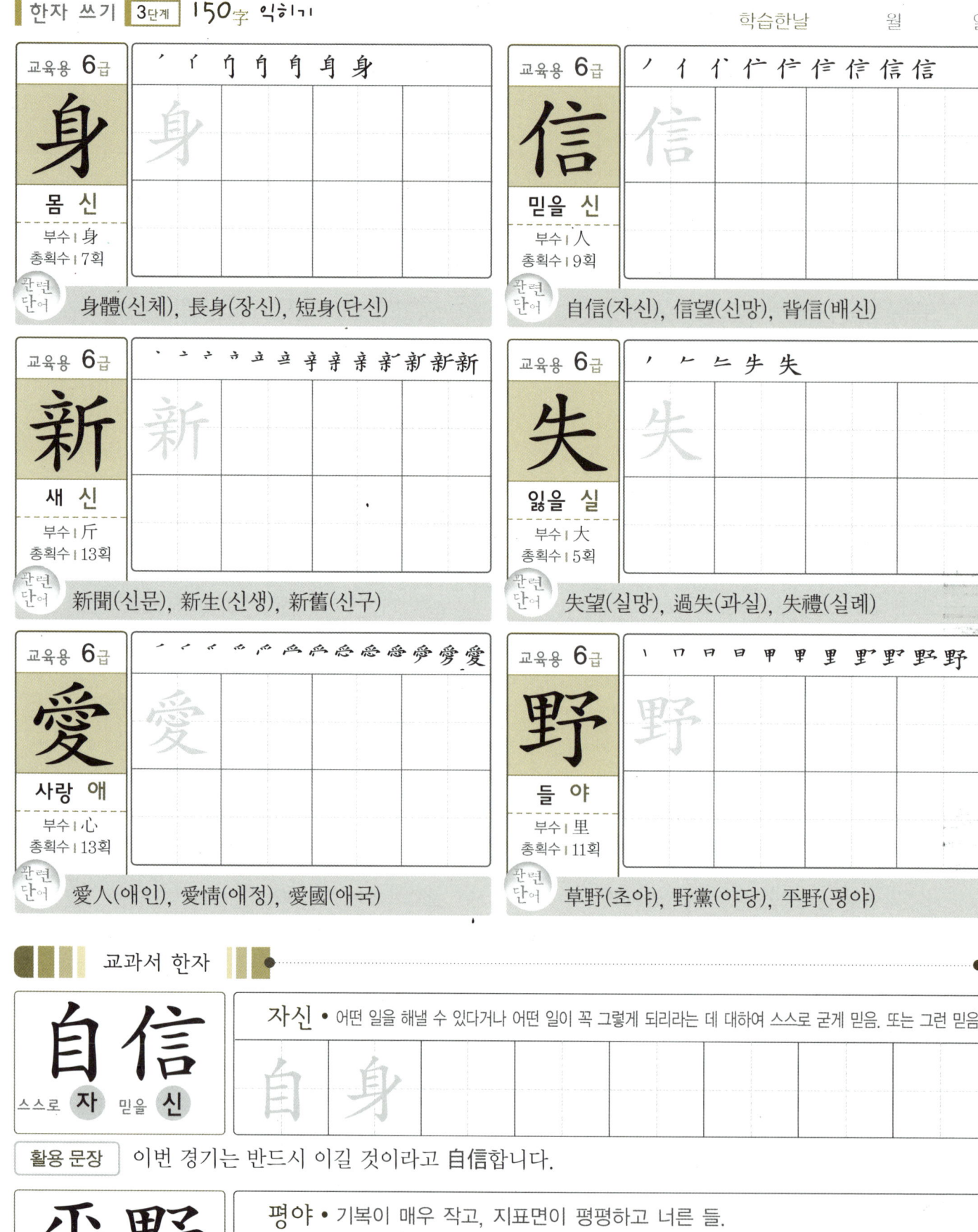

한자 쓰기 3단계 150字 익히기

학습한날   월   일

교육용 6급 — 夜
` ｀ 亠 广 疒 疒 疹 夜`
밤 야
부수 | 夕
총획수 | 8획
관련 단어: 晝夜(주야), 夜間(야간), 夜戰(야전)

교육용 6급 — 藥
약 약
부수 | 艸
총획수 | 19획
관련 단어: 藥房(약방), 藥草(약초), 韓藥(한약)

교육용 6급 — 弱
약할 약
부수 | 弓
총획수 | 10획
관련 단어: 弱體(약체), 弱骨(약골), 强弱(강약)

교육용 6급 — 陽
볕 양
부수 | 阜
총획수 | 12획
관련 단어: 太陽(태양), 陽地(양지), 陰陽(음양)

교육용 6급 — 洋
큰바다 양
부수 | 水
총획수 | 9획
관련 단어: 海洋(해양), 太平洋(태평양), 西洋(서양)

교육용 6급 — 言
말씀 언
부수 | 言
총획수 | 7획
관련 단어: 言語(언어), 言爭(언쟁), 言論(언론)

교과서 한자

强弱
강할 **강** · 약할 **약**

강약 · 강하고 약함.

활용 문장: 악기를 연주할 때는 **强弱**을 조절해야한다.

晝夜
낮 **주** · 밤 **야**

주야 · 밤낮

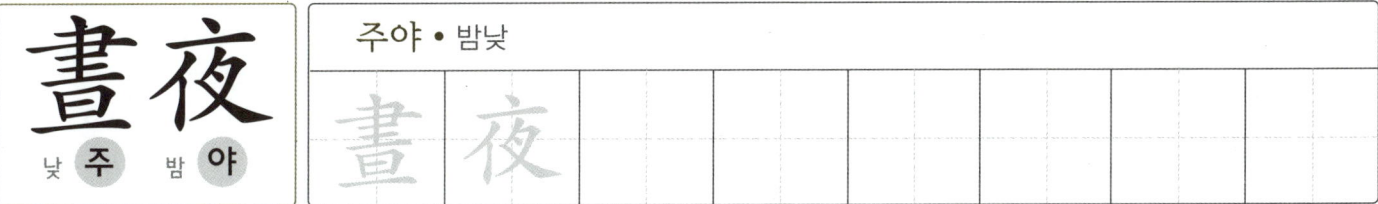

활용 문장: 어머니께서는 **晝夜**로 아버지가 회복되기만을 바라신다.

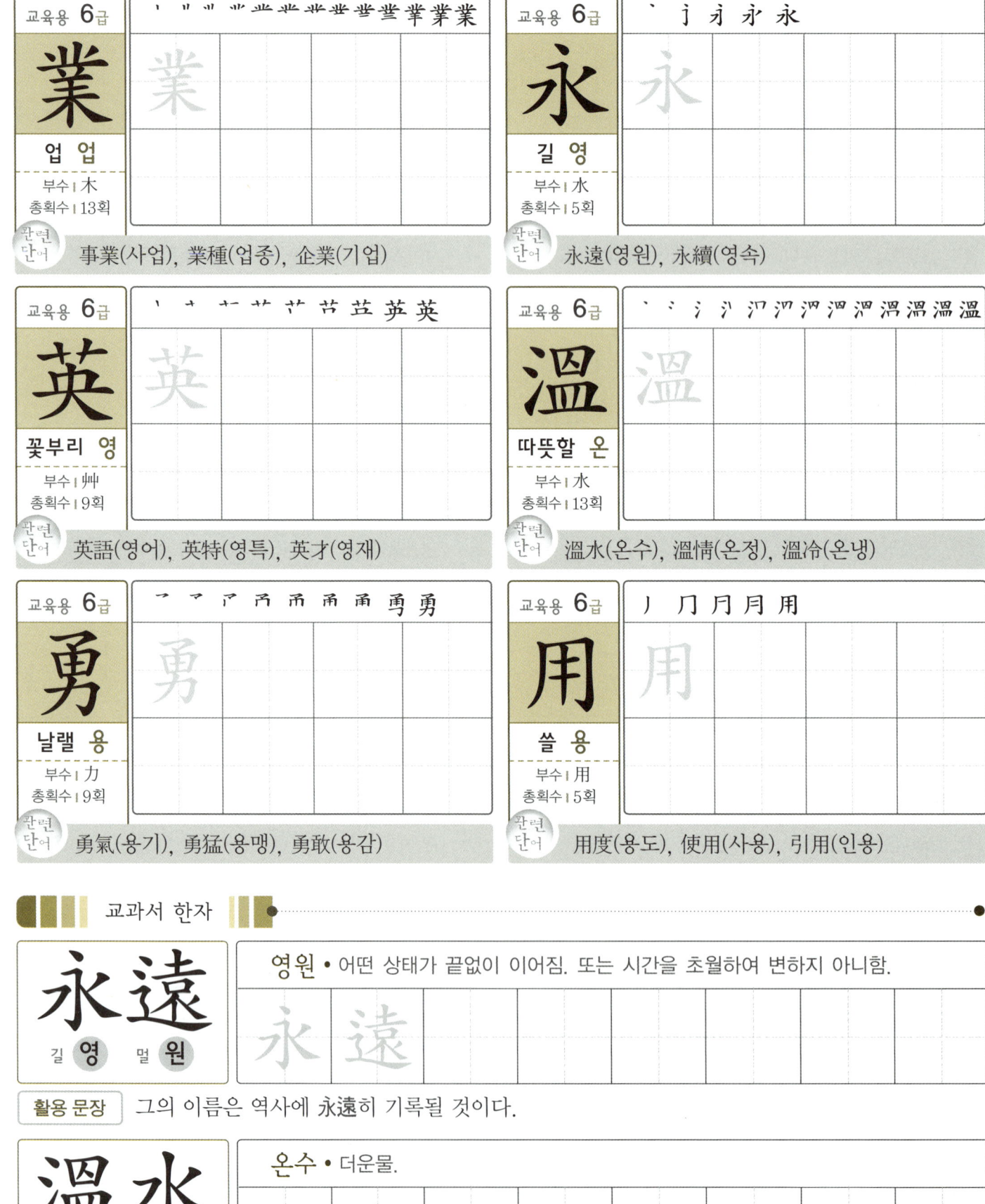

한자 쓰기 3단계 150字 익히기

학습한날   월   일

교육용 6급 — 運
` ⼀ ⼆ ㇒ 宀 冒 冒 冒 宣 軍 軍 運 運 運`

運 옮길 운
부수: ⻌
총획수: 13획

관련단어: 運行(운행), 幸運(행운), 天運(천운)

교육용 6급 — 園
`｜ ⼏ ⼏ ⾨ ⾨ ⾨ ⾨ 周 周 園 園 園 園`

園 동산 원
부수: 囗
총획수: 13획

관련단어: 公園(공원), 花園(화원), 樂園(낙원)

교육용 6급 — 遠
`⼀ ⼗ ⼟ ⼟ 吉 吉 吉 吉 袁 袁 遠 遠 遠 遠`

遠 멀 원
부수: ⻌
총획수: 14획

관련단어: 遠近(원근), 遠心力(원심력), 遠視(원시)

교육용 6급 — 油
`丶 ⼁ ⼁ 氵 氵 汩 油 油`

油 기름 유
부수: 水
총획수: 8획

관련단어: 石油(석유), 豆油(두유), 注油(주유)

교육용 6급 — 由
`｜ 冂 ⺆ 由 由`

由 말미암을 유
부수: 田
총획수: 5획

관련단어: 自由(자유), 由來(유래)

교육용 6급 — 銀
`丿 ⼃ ⼈ ⼈ 今 余 余 金 金 釒 鈤 鈤 鈤 銀`

銀 은 은
부수: 金
총획수: 14획

관련단어: 銀行(은행), 金銀(금은), 銀河水(은하수)

교과서 한자

公園
공변될 공 / 동산 원

공원 • 공중의 보건·휴양·놀이 따위를 위하여 마련한 정원 따위의 시설.

활용 문장: 진달래꽃이 어우러져 핀 公園에서 놀고 있는 사람이 부럽다.

石油
돌 석 / 기름 유

석유 • 땅속에서 천연으로 나는 연료의 일종.

활용 문장: 石油는 동력의 연료와 공업용 연료로 널리 쓰인다.

한자 쓰기 3단계 150字 익히기

학습한날   월   일

핵심 문제

■ 다음 한자의 훈·음을 쓰세요.

1. 別   2. 書   3. 愛
4. 新   5. 園   6. 溫

■ 다음 연결된 한자 중 나머지와 다른 관계의 한자는 무엇입니까?

7. ① 根－本   ② 生－死   ③ 樹－木   ④ 海－洋
8. ① 發－発   ② 樹－树   ③ 陽－阳   ④ 園－圓

■ 다음 사다리 타기 중 훈음과 독음이 맞는 것을 고르세요. 틀린 것은 고쳐 쓰세요.

(예) 약할 약   9. 일 업   10. 잃을 실   11. 비로소 시   12. 身

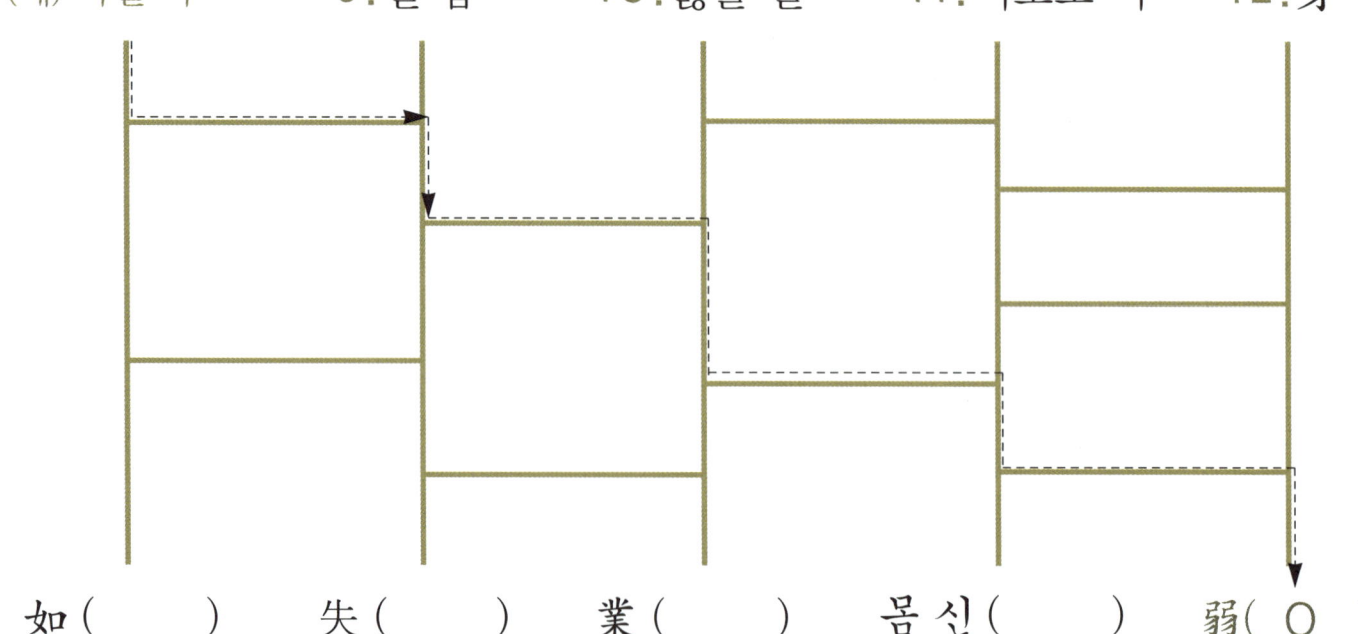

如(   )   失(   )   業(   )   몸신(   )   弱(○)

핵심 문제

■ 다음 훈·음에 알맞은 한자를 쓰세요.

13. 법 식   (   )

14. 길 영   (   )

15. 죽을 사 (   )

■ 다음 물음에 답하세요.

16. 다음 중 부수가 잘 못 짝지어진 한자는? ·················· (   )

① 始 - 女   ② 新 - 斤   ③ 永 - 丶   ④ 由 - 田

17. 다음 한자 중 독음이 다른 것은 무엇입니까? ············ (   )

① 身   ② 新   ③ 信   ④ 利

■ 다음 한자를 필순에 맞게 써보세요.

보기	九 → ノ 九

18. 式

19. 分

20. 言

 자신있는 한자, 어려운 한자 연습해 보세요.

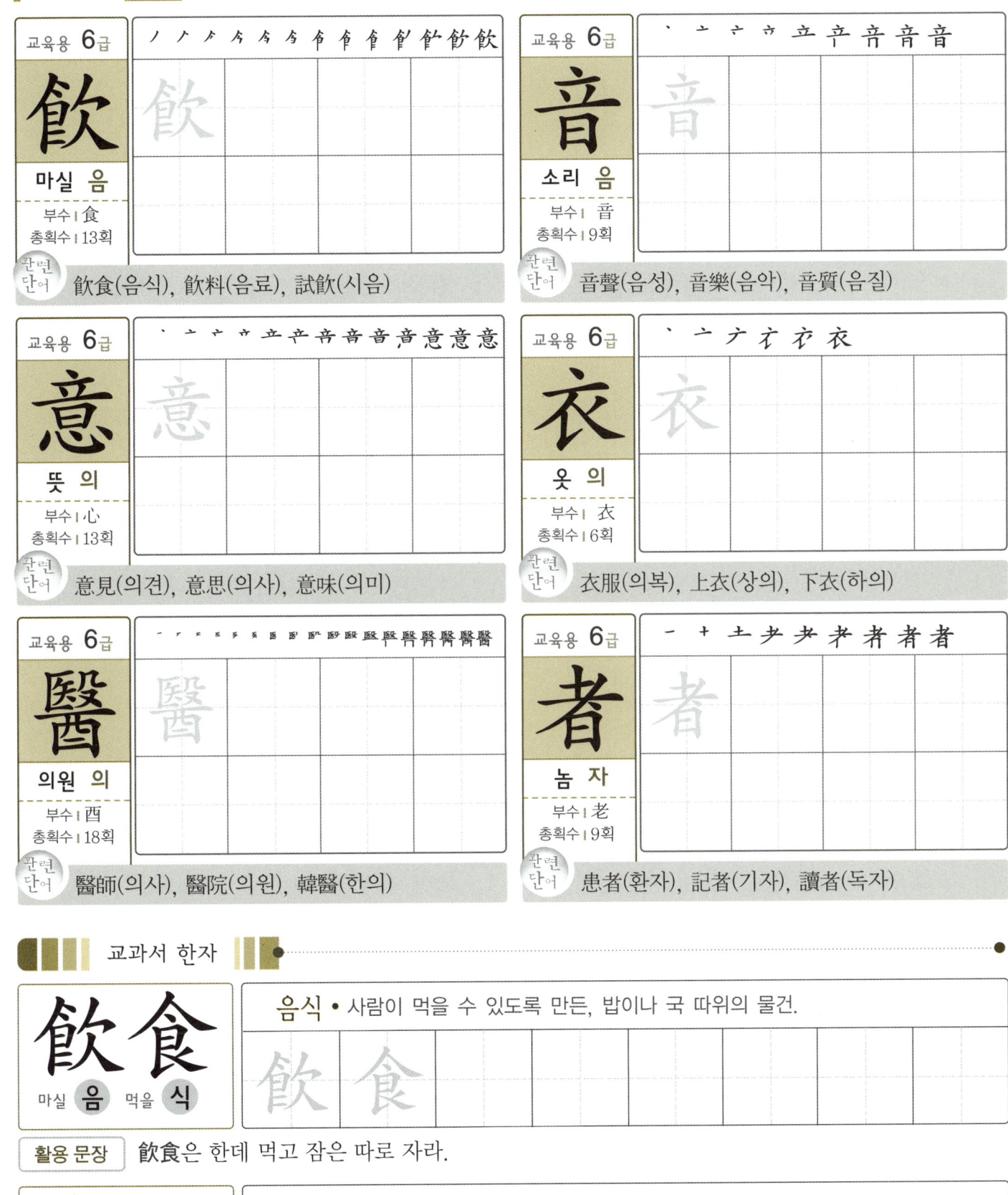

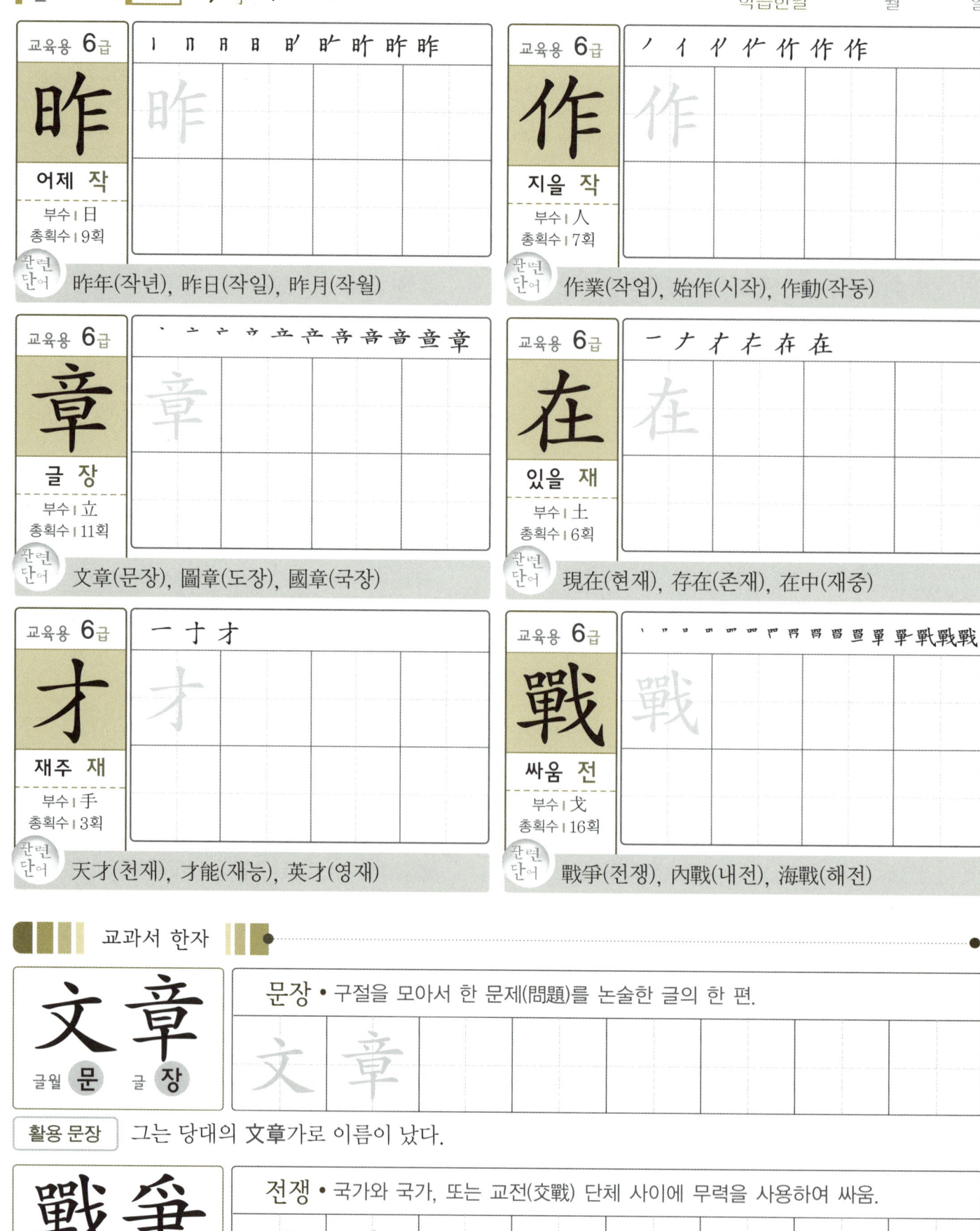

한자 쓰기 3단계 150字 익히기

庭 (뜰 정)
교육용 6급
부수: 广
총획수: 10획
필순: 一 广 广 广 广 庄 庄 庭 庭 庭
관련 단어: 家庭(가정), 庭園(정원), 校庭(교정)

定 (정할 정)
교육용 6급
부수: 宀
총획수: 8획
필순: 丶 丶 宀 宁 宇 宇 定 定
관련 단어: 定着(정착), 一定(일정), 定石(정석)

題 (제목 제)
교육용 6급
부수: 頁
총획수: 18획
필순: 丨 口 日 旦 早 早 是 是 是 題 題 題 題 題 題
관련 단어: 問題(문제), 題目(제목), 題言(제언)

第 (차례 제)
교육용 6급
부수: 竹
총획수: 11획
필순: 丿 亠 𥫗 𥫗 𥫗 𥫗 𥫗 𥫗 第 第 第
관련 단어: 第一(제일), 及第(급제)

朝 (아침 조)
교육용 6급
부수: 月
총획수: 12획
필순: 一 十 十 古 吉 卓 卓 朝 朝 朝 朝
관련 단어: 朝會(조회), 朝夕(조석), 朝鮮(조선)

族 (겨레 족)
교육용 6급
부수: 方
총획수: 11획
필순: 丶 亠 𠂉 方 方 方 㫃 㫃 族 族
관련 단어: 民族(민족), 族譜(족보), 家族(가족)

교과서 한자

題目
제목 제 · 눈 목

제목 • 작품이나 강연, 보고 따위에서, 그것을 대표하거나 내용을 보이기 위하여 붙이는 이름.

활용 문장: 책 題目만 보아도 어떤 내용인지 짐작이 간다.

家族
집 가 · 겨레 족

가족 • 부부와 같이 혼인으로 맺어지거나, 부모·자식과 같이 혈연으로 이루어지는 집단.

활용 문장: 전시회에 家族 단위의 관람객이 줄을 잇고 있다.

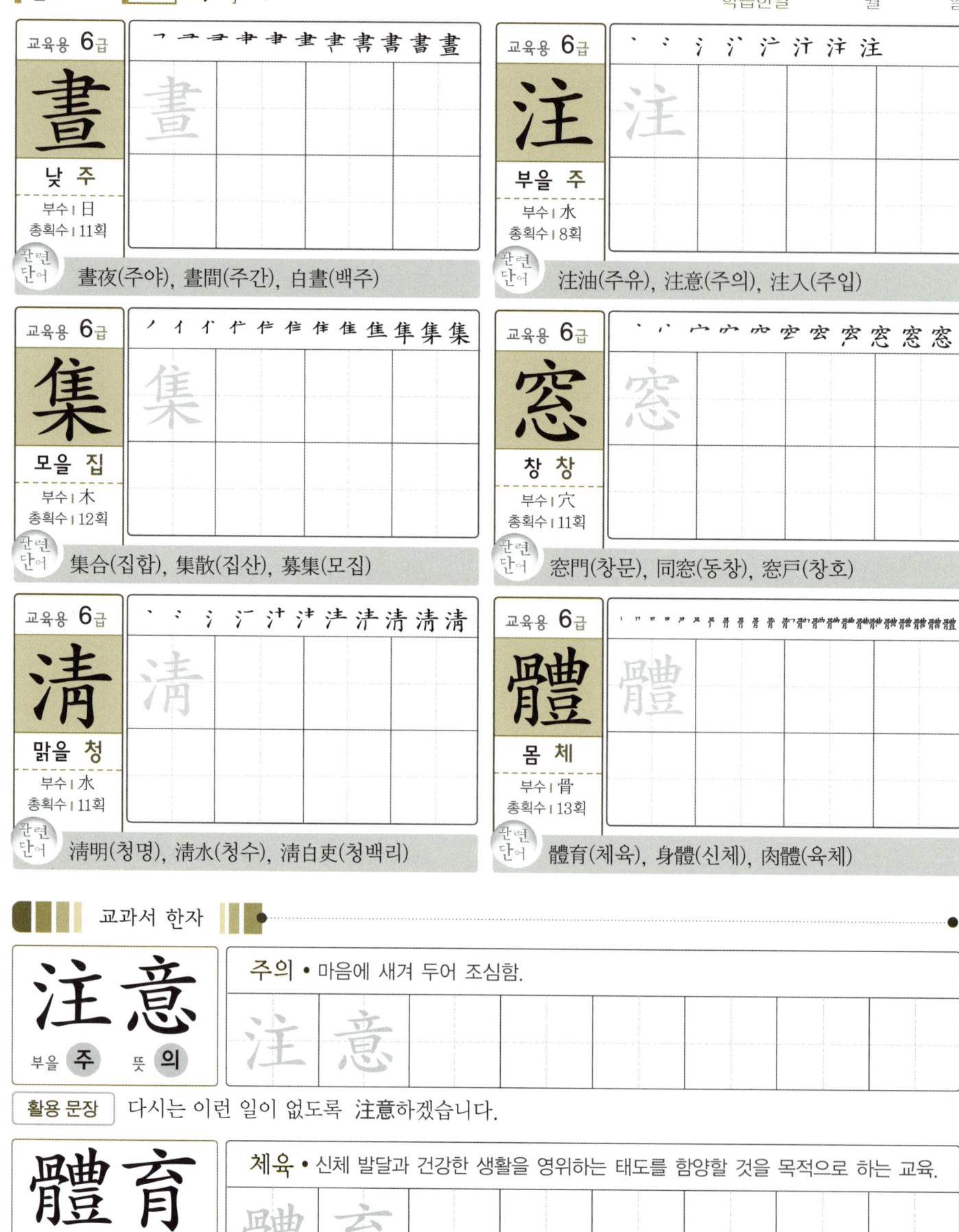

한자 쓰기 3단계 150字 익히기

교육용 6급 親 (친할 친)
획순: 亠 立 产 亲 亲 新 新 新 親 親
부수: 見
총획수: 16획
관련단어: 親舊(친구), 父親(부친), 母親(모친)

교육용 6급 太 (클 태)
획순: 一 ナ 大 太
부수: 大
총획수: 4획
관련단어: 太陽(태양), 太極(태극)

교육용 6급 通 (통할 통)
획순: 丁 マ 乃 丏 甬 甬 涌 涌 通 通
부수: 辶
총획수: 11획
관련단어: 通話(통화), 不通(불통), 共通(공통)

교육용 6급 特 (특별할 특)
획순: 丿 ト 牛 牛 牜 牜 牿 特 特
부수: 牛
총획수: 10획
관련단어: 特活(특활), 特使(특사), 特命(특명)

교육용 6급 表 (겉 표)
획순: 一 十 キ 主 丰 耒 表 表
부수: 衣
총획수: 8획
관련단어: 表紙(표지), 表面(표면), 表裏(표리)

교육용 6급 風 (바람 풍)
획순: 丿 几 凡 凡 凨 凬 風 風 風
부수: 風
총획수: 9획
관련단어: 風俗(풍속), 風物(풍물), 風向(풍향)

교과서 한자

通話 (통할 통, 말씀 화)
통화 • 전화로 말을 주고받음.
활용 문장: 이번에는 제발 그와 **通話**됐으면 좋겠다.

風俗 (바람 풍, 풍속 속)
풍속 • 옛날부터 그 사회에 전해 오는 생활 전반에 걸친 습관 따위를 이르는 말.
활용 문장: 밥을 많이 담아 손님을 대접하는 것이 **風俗**으로 되어 버렸다.

한자 쓰기 3단계 150字 익히기   학습한날   월   일

교육용 6급

號 이름 호
부수 | 虍
총획수 | 13획
획순: ㅣ ㅁ ㅁ 무 号 号 号ㅏ 号ㅜ 号ㅜ 號 號 號
관련단어: 番號(번호), 口號(구호), 國號(국호)

교육용 6급

畫 그림 화
부수 | 田
총획수 | 12획
획순: ㄱ ㅋ ㅋ 申 聿 畫 畫 畫 畫 畫 畫 畫
관련단어: 圖畫(도화), 畫家(화가), 白畫(백화)

교육용 6급

和 화할 화
부수 | 口
총획수 | 8획
획순: ㅅ ㅆ 千 千 禾 禾 和 和
관련단어: 平和(평화), 調和(조화), 和合(화합)

교육용 6급

黃 누를 황
부수 | 黃
총획수 | 12획
획순: 一 十 卄 卄 丑 芇 芇 芇 黃 黃 黃 黃
관련단어: 黃色(황색), 黃土(황토), 黃砂(황사)

교육용 6급

會 모일 회
부수 | 日
총획수 | 13획
획순: ノ 人 ㅅ ㅅ 合 合 合 合 會 會 會 會 會
관련단어: 會長(회장), 會議(회의), 會食(회식)

교육용 6급

訓 가르칠 훈
부수 | 言
총획수 | 10획
획순: 丶 ㅗ 十 三 言 言 言 訓 訓 訓
관련단어: 敎訓(교훈), 訓放(훈방), 訓育(훈육)

교과서 한자

敎訓 가르칠 교 · 가르칠 훈
교훈 · 앞으로의 행동이나 생활에 지침이 될 만한 가르침.
활용 문장: 교장선생님 말씀은 나에게 **敎訓**이 되었다.

平和 평평할 평 · 화할 화
평화 · 평온하고 화목함.
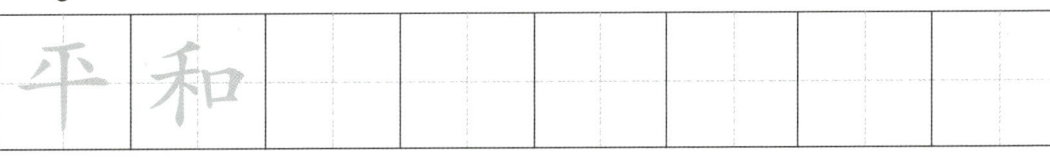
활용 문장: 폭력적인 방법으로는 **平和**를 이룰 수 없다.

3단계 최종 점검 문제

※ 다음 漢字語의 讀音을 쓰세요.(1~33)

보기	漢字 → 한자

(1) 家族　　(2) 强弱　　(3) 對等
(4) 文章　　(5) 植樹　　(6) 一色
(7) 永遠　　(8) 全部　　(9) 近間
(10) 英語　(11) 勝利　(12) 發病
(13) 古代　(14) 海軍　(15) 科旗
(16) 溫度　(17) 式場　(18) 夜戰
(19) 所聞　(20) 成功　(21) 體形
(22) 窓門　(23) 空氣　(24) 社會
(25) 童畫　(26) 特使　(27) 孫子
(28) 讀者　(29) 手術　(30) 韓藥
(31) 消失　(32) 新行　(33) 通信

※ 다음 漢字의 訓과 音을 쓰세요.(34~55)

보기	字 → 글자 자

(34) 野　(35) 重　(36) 省
(37) 雪　(38) 感　(39) 村
(40) 集　(41) 電　(42) 育
(43) 庭　(44) 言　(45) 才
(46) 衣　(47) 第　(48) 向
(49) 昨　(50) 淸　(51) 運
(52) 訓　(53) 表　(54) 堂
(55) 太

※ 다음 밑줄 친 漢字語를 漢字로 쓰세요.(56~75)

보기	한자 → 漢字

(56) 우리 집 식구는 다섯 입니다.
(57) 농부는 구슬 같은 땀을 흘립니다.
(58) 아침 등교 길에 친구를 만났습니다.
(59) 봄에는 만물이 새 생명을 뛰 웁니다.
(60) 보신각종을 매년 칩니다.
(61) 묻고 답하는 것을 문답이라고 합니다.
(62) 우리나라 국민수준은 세계적입니다.
(63) 당숙은 나와 촌수가 5촌입니다.
(64) 미희와 나는 동성동본입니다.
(65) 세상에서 쉬운 일은 하나도 없습니다.
(66) 신문기자는 매일 기사를 씁니다.
(67) 누나는 여군 되는 것이 소원입니다.
(68) 비행기가 공중에서 폭발했습니다.
(69) 할머니가 읍내에서 치킨을 사 오셨습니다.
(70) 오전에는 학교에 갑니다.
(71) 모든 생명은 소중합니다.
(72) 우리나라는 춘하추동 사계절이 뚜렷합니다.
(73) 백지 위에 그림을 그리세요.
(74) 완전 평면 모니터를 샀습니다.
(75) 운동을 하면 삶에 활력이 생깁니다.

※ 다음 漢字의 反對 또는 相對字(상대자)를 골라 번호를 쓰세요. (76~78)

(76) 左 : ① 石　② 前　③ 右　④ 下
(77) 長 : ① 年　② 短　③ 上　④ 永
(78) 多 : ① 小　② 大　③ 少　④ 夕

※ 다음 사자성어의 ( )에 들어갈 漢字를 〈보기〉에서 찾아 그 번호를 쓰세요. (79~81)

보기	① 面　② 山　③ 海
	④ 目　⑤ 人　⑥ 每

(79) 四(　)春風
(80) 樂(　)樂水

3단계 최종 점검 문제

(81) 人( )戰術

※ 다음 漢字와 뜻이 비슷한 漢字를 골라 그 번호를 쓰세요. (82~83)
(82) 身 : ① 心　② 人　③ 體　④ 動
(83) 路 : ① 定　② 度　③ 道　④ 算

※ 다음에서 소리는 같으나 뜻이 다른 漢字를 골라 그 번호를 쓰세요. (84~85)
(84) 神 : ① 角　② 米　③ 新　④ 飮
(85) 省 : ① 男　② 反　③ 成　④ 入

※ 다음 뜻을 가진 단어를 쓰세요. (86~87)

| 보기 | 형과 아우 → 兄弟 |

(86) 바람의 방향
(87) 낳아준 아버지

※ 다음 물음에 답하세요. (88~90)

(88) 　㉠ 획의 쓰는 순서를 아래에서 골라 번호를 쓰세요.
① 첫 번째　② 세 번째
③ 두 번째　④ 네 번째

(89) 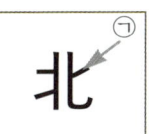　㉠ 획의 쓰는 순서를 아래에서 골라 번호를 쓰세요.
① 두 번째　② 네 번째
③ 첫 번째　④ 세 번째

(90) 　㉠ 획의 쓰는 순서를 아래에서 골라 번호를 쓰세요.
① 여덟 번째　② 아홉 번째
③ 일곱 번째　④ 다섯 번째

 자신있는 한자, 어려운 한자 연습해 보세요.

❖ 투명 화일에 넣어서 공부하세요. ❖

 4단계-① 미리보기

價	街	加	可	減	改
個	客	去	擧	巨	建
見	結	決	輕	競	慶
敬	景	經	季	告	固
考	故	曲	課	過	官
觀	廣	橋	救	求	句
究	君	貴	極	勤	禁
給	期	己	起	技	基
吉	難	念	怒	能	單

※ 절취선을 따라 잘라서 한자와 훈음을 익히면 학습효과가 뛰어납니다.

4단계-① 음·뜻 알기

고칠 개	덜 감	옳을 가	더할 가	거리 가	값 가
세울 건	클 거	들 거	갈 거	손 객	낱 개
경사 경	다툴 경	가벼울 경	결단할 결	맺을 결	볼 견
굳을 고	고할 고	끝 계	지날 경	볕 경	공경할 경
벼슬 관	지날 과	과정 과	굽을 곡	연고 고	생각할 고
글귀 구	구할 구	구원할 구	다리 교	넓을 광	볼 관
금할 금	부지런할 근	다할 극	귀할 귀	임금 군	연구할 구
터 기	재주 기	일어날 기	몸 기	기약할 기	줄 급
홑 단	능할 능	성낼 노	생각 념	어려울 난	길할 길

❖ 투명 화일에 넣어서 공부하세요. ❖

4단계-② 미리보기

達	談	德	都	島	到
獨	得	落	冷	兩	良
量	歷	列	令	勞	論
料	留	流	陸	律	馬
滿	末	亡	望	買	賣
勉	毛	無	武	務	密
防	訪	法	變	兵	報
步	保	福	奉	婦	富
復	備	比	飛	悲	非

※ 절취선을 따라 잘라서 한자와 훈음을 익히면 학습효과가 뛰어납니다.

4단계-② 음·뜻 알기

이를 도	섬 도	도읍 도	큰 덕	말씀 담	통달할 달
어질 량	두 량	찰 랭	떨어질 락	얻을 득	홀로 독
의논할 론	힘쓸 로	하여금 령	벌일 렬	지날 력	헤아릴 량
말 마	법칙 률	뭍 륙	흐를 류	머무를 류	헤아릴 료
팔 매	살 매	바랄 망	망할 망	끝 말	찰 만
빽빽할 밀	힘쓸 무	호반 무	없을 무	터럭 모	힘쓸 면
갚을 보	군사 병	변할 변	법 법	찾을 방	막을 방
부자 부	며느리 부	받들 봉	복 복	지킬 보	걸음 보
아닐 비	슬플 비	날 비	견줄 비	갖출 비	회복할 복 다시 부

❖ 투명 화일에 넣어서 공부하세요.❖

 4단계-③ 미리보기

鼻	貧	氷	史	私	思
士	仕	師	寺	産	殺
賞	想	相	商	常	序
選	鮮	船	仙	善	說
設	星	聖	性	性	城
誠	稅	洗	歲	勢	笑
素	俗	送	收	修	首
약자 価	약자 挙	약자 軽	약자 経	약자 観	약자 単
약자 独	약자 両	약자 历	약자 変	약자 师	약자 岁

※ 절취선을 따라 잘라서 한자와 훈음을 익히면 학습효과가 뛰어납니다.

4단계-③ 음·뜻 알기

생각 사	사사 사	사기 사	얼음 빙	가난할 빈	코 비
죽일 살 / 감할 쇄	낳을 산	절 사	스승 사	섬길 사	선비 사
차례 서	떳떳할 상	장사 상	서로 상	생각 상	상줄 상
말씀 설 / 기쁠 열 / 달랠 세	착할 선	신선 선	배 선	고울 선	가릴 선
재 성	소리 성	성품 성	성인 성	별 성	베풀 설
웃음 소	형세 세	해 세	씻을 세	세금 세	정성 성
머리 수	닦을 수	거둘 수	보낼 송	풍속 속	흴 소 / 본디 소
홑 단	볼 관	지날 경	가벼울 경	들 거	값 가
해 세	스승 사	변할 변	지날 력	두 량	홀로 독

한자쓰기 **4단계**

150字 익히기

한자 쓰기 4단계 150字 익히기

학습한날   월   일

교육용 4Ⅱ	ノ亻亻 仆 个 個 個 個 個 個
個 낱 개 부수: 人 총획수: 10획	

관련단어: 個人(개인), 個別(개별), 個性(개성)

교육용 5급	丶 宀 宀 宀 宓 客 客 客
客 손 객 부수: 宀 총획수: 9획	

관련단어: 主客(주객), 客體(객체), 客觀(객관)

교육용 5급	一 十 土 去 去
去 갈 거 부수: 厶 총획수: 5획	

관련단어: 去來(거래), 過去(과거), 去年(거년)

교육용 5급	𠂉 𠂉 𦣞 𦣞 𦣞 𦣞 𦣞 與 與 與 舉 舉
擧 들 거 부수: 手 총획수: 18획	

관련단어: 擧手(거수), 科擧(과거), 選擧(선거)

교육용 4급	一 厂 厂 厅 巨
巨 클 거 부수: 工 총획수: 5획	

관련단어: 巨大(거대), 巨商(거상), 巨物(거물)

교육용 5급	𠃌 ⺹ ⺹ ⺹ ⺹ 聿 聿 建 建
建 세울 건 부수: 廴 총획수: 9획	

관련단어: 建設(건설), 建物(건물), 建築(건축)

교과서 한자

主客
주인 주 / 손 객

주객 • 주인과 손을 아울러 이르는 말.

활용 문장: 이것은 정말 **主客**이 전도된 일이다.

擧手
들 거 / 손 수

거수 • 손을 위로 들어 올림.

활용 문장: 이 동의안에 찬성하는 분은 **擧手**해 주세요.

105

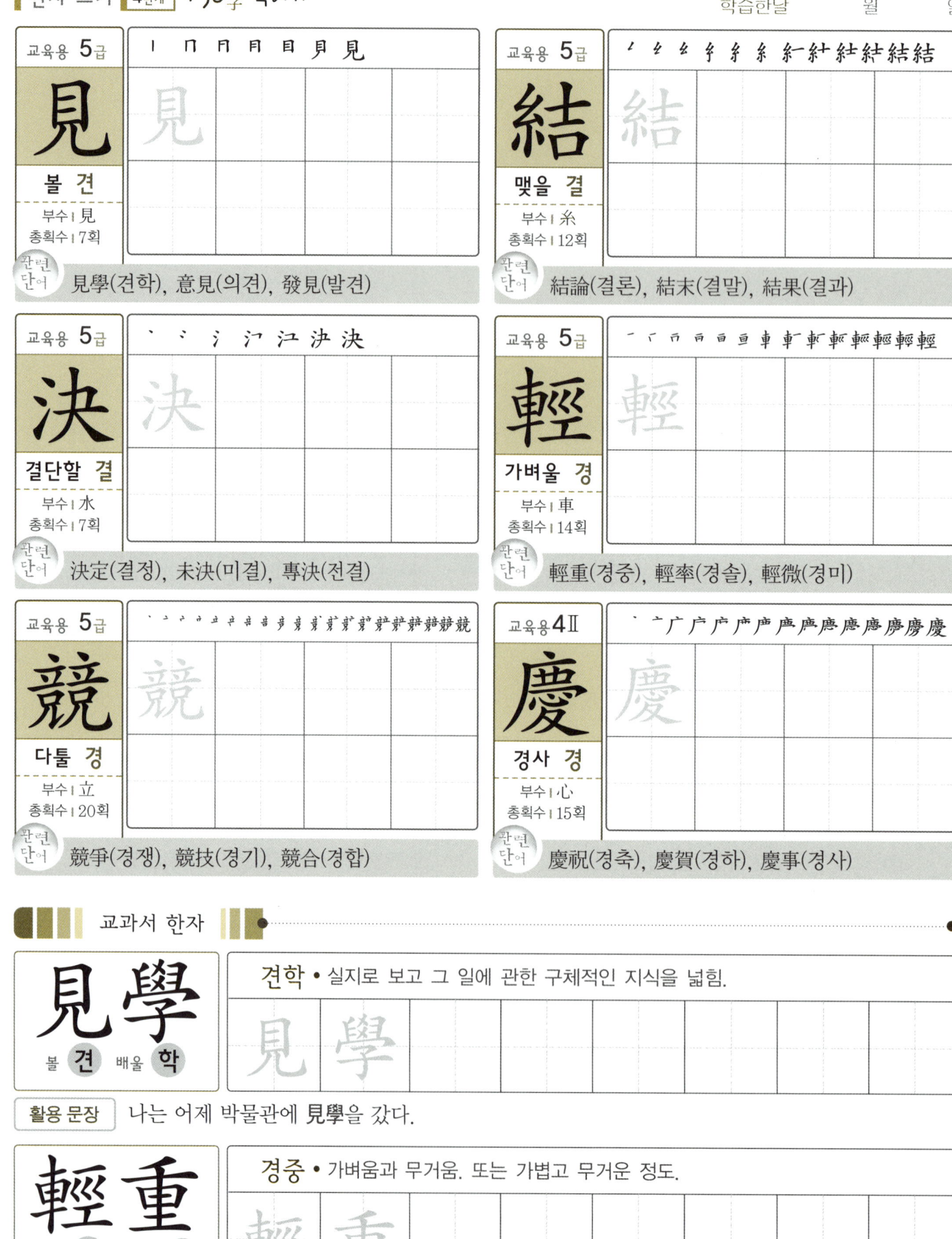

한자 쓰기 4단계 150字 익히기

학습한날   월   일

교육용 5급 敬 공경할 경
부수: 攵
총획수: 13획
획순: 一 艹 芍 芍 苟 苟 茍 敬 敬
관련단어: 敬禮(경례), 恭敬(공경), 敬老(경로)

교육용 5급 景 볕 경
부수: 日
총획수: 12획
획순: 丨 冂 日 旦 豆 𣎴 𣎴 景 景 景
관련단어: 光景(광경), 景致(경치), 景氣(경기)

교육용 4Ⅱ 經 지날 경
부수: 糸
총획수: 13획
획순: 𠃋 幺 幺 糸 糸 紅 絅 經 經 經 經
관련단어: 經理(경리), 經濟(경제), 經書(경서)

교육용 5급 季 끝 계
부수: 子
총획수: 8획
획순: 一 二 千 禾 禾 季 季 季
관련단어: 春季(춘계), 夏季(하계), 季節(계절)

교육용 5급 告 고할 고
부수: 口
총획수: 7획
획순: 丿 丶 㐄 牛 牛 告 告
관련단어: 告白(고백), 告知(고지), 公告(공고)

교육용 5급 固 굳을 고
부수: 口
총획수: 8획
획순: 丨 冂 冃 冃 固 固 固 固
관련단어: 固體(고체), 固守(고수), 固有(고유)

교과서 한자

恭敬 (공손할 공, 공경할 경) — 공경 • 공손히 받들어 모심.

활용 문장: 하늘을 恭敬하고 백성을 사랑하다.

季節 (끝 계, 마디 절) — 계절 • 규칙적으로 되풀이되는 자연현상에 따라서 일 년을 구분한 것.

활용 문장: 가을은 讀書의 季節이다.

한자 쓰기 4단계 150字 익히기

교육용 5급 觀 볼 관
획순: 丶 ⺊ ⺊⺊ ⺊⺊ ⺊⺊⺊ 萉 萉 雚 雚 雚 觀 觀 觀 觀 觀
부수: 見
총획수: 25획
관련단어: 觀光(관광), 觀客(관객), 觀點(관점)

교육용 5급 廣 넓을 광
획순: 丶 亠 广 广 产 产 产 庠 庠 席 席 庸 廣 廣 廣
부수: 广
총획수: 15획
관련단어: 廣場(광장), 廣告(광고), 廣野(광야)

교육용 5급 橋 다리 교
획순: 一 十 十 才 木 木 木 杯 杯 杯 橋 橋 橋 橋 橋 橋
부수: 木
총획수: 16획
관련단어: 大橋(대교), 陸橋(육교), 鐵橋(철교)

교육용 5급 救 구원할 구
획순: 一 十 十 寸 寸 求 求 求 救 救 救
부수: 攵
총획수: 11획
관련단어: 救助(구조), 救濟(구제), 救出(구출)

교육용 4Ⅱ급 求 구할 구
획순: 一 十 十 寸 寸 求 求
부수: 水
총획수: 7획
관련단어: 求愛(구애), 求職(구직), 求人(구인)

교육용 4Ⅱ급 句 글귀 구
획순: 丿 勹 勹 句 句
부수: 口
총획수: 5획
관련단어: 文句(문구), 詩句(시구), 句節(구절)

교과서 한자

觀客 볼 관 · 손 객
관객 · 공연 따위를 구경하는 사람.

활용 문장: 연기자들은 **觀客**들의 박수 갈채를 받았다.

廣告 넓을 광 · 알릴 고
광고 · 세상에 널리 알림. 또는 그런 일.

활용 문장: 신제품은 **廣告**의 여부에 따라 판매에 영향을 미친다.

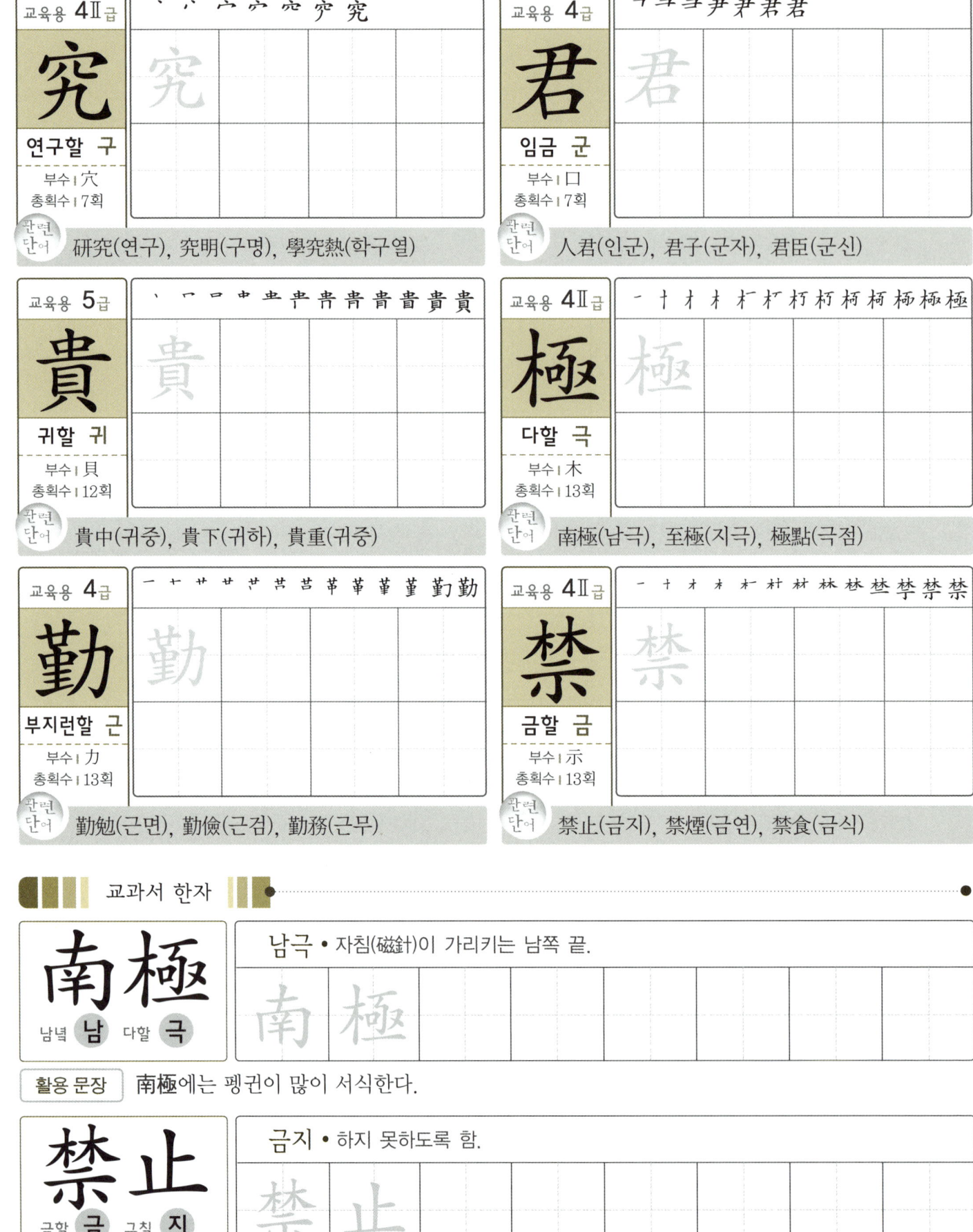

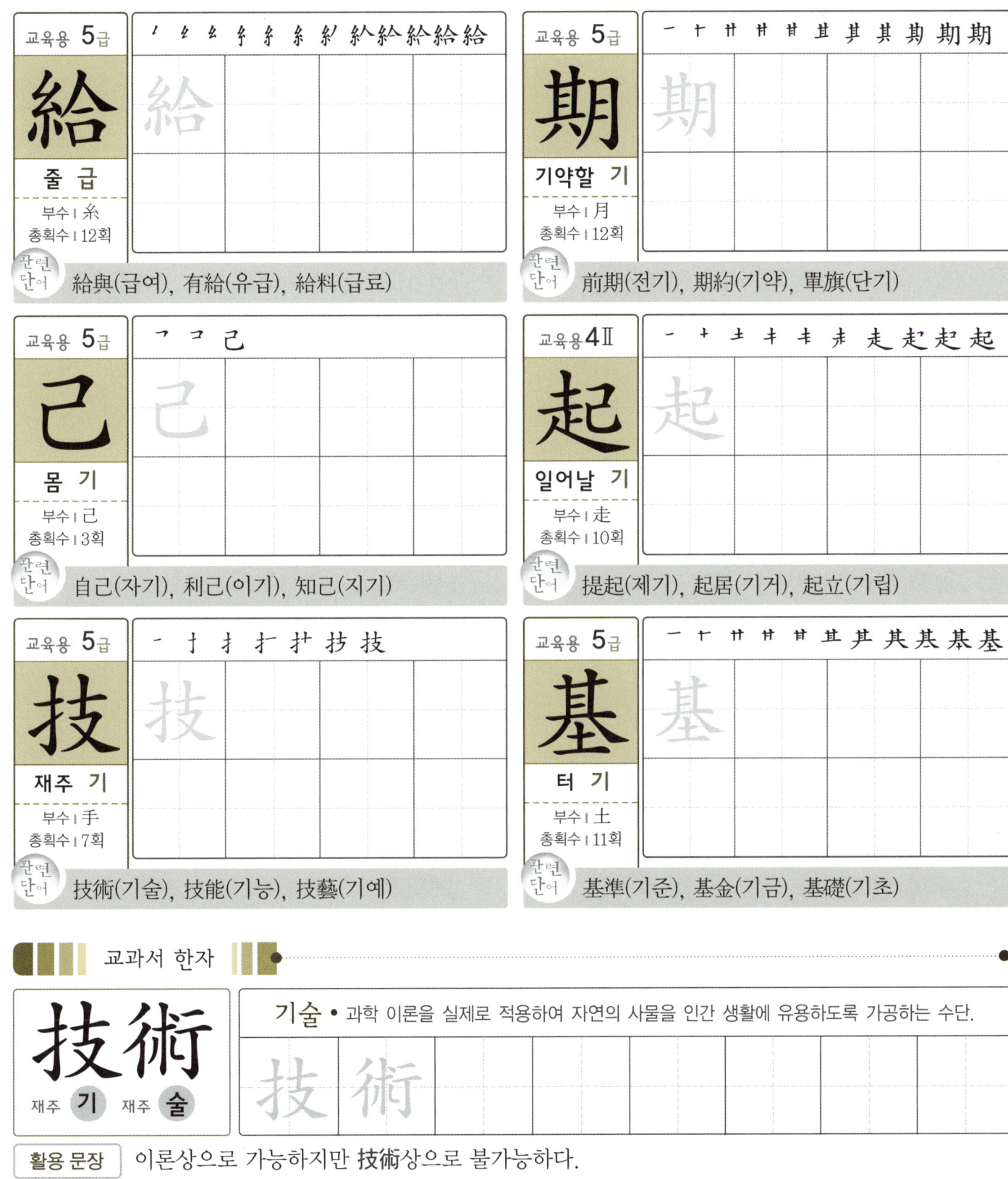

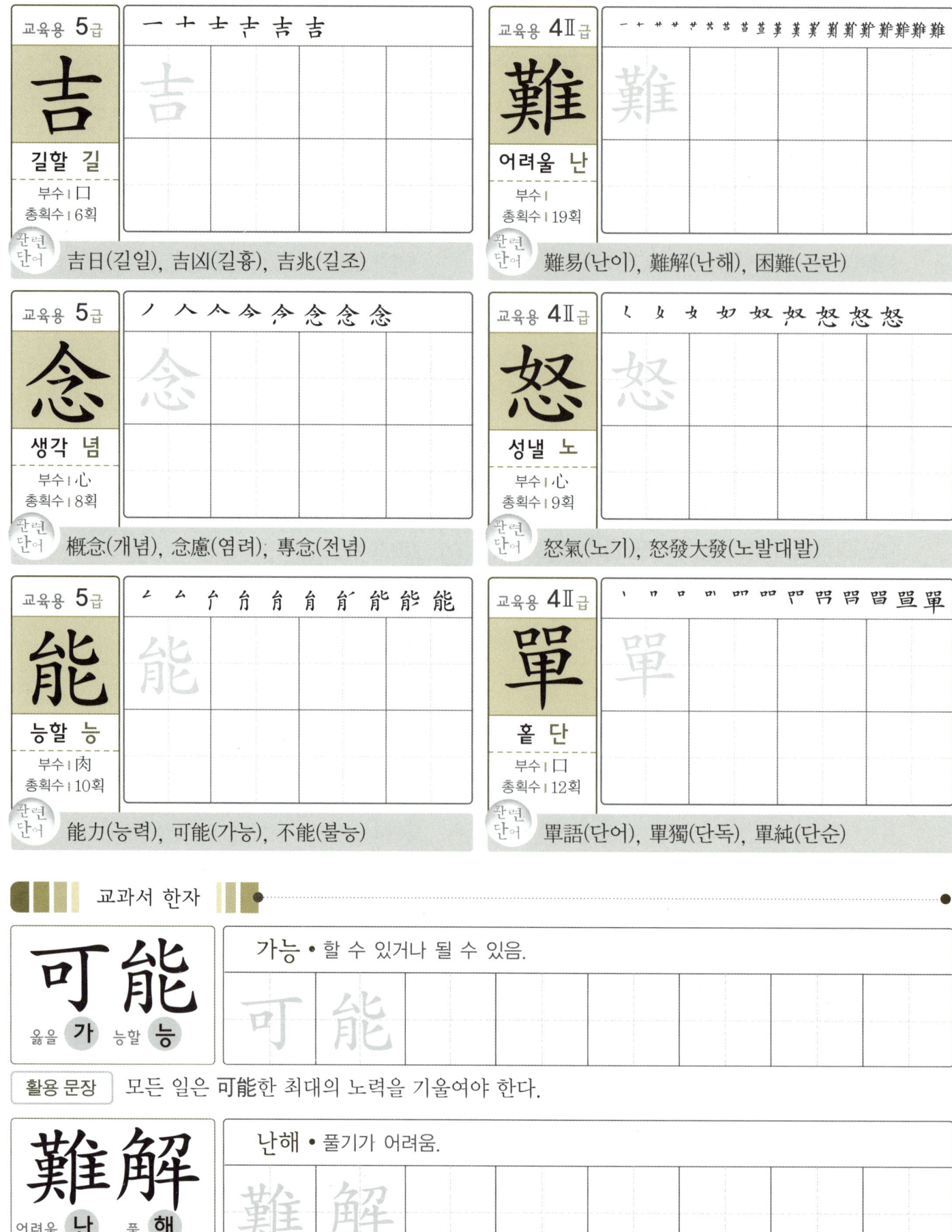

핵심 문제

■ 다음 한자의 훈·음을 쓰세요.

1. 減
2. 結
3. 過
4. 技
5. 單
6. 起

■ 다음 연결된 한자 중 나머지와 다른 관계의 한자는 무엇입니까?

7. ① 曲 - 直   ② 去 - 來   ③ 加 - 減   ④ 可 - 能
8. ① 價 - 価   ② 擧 - 挙   ③ 輕 - 軽   ④ 廣 - 庁

■ 다음 한자에 독음이 잘못 연결된 것을 고르시오.

9. ① 故 - 고   ② 季 - 리   ③ 求 - 구   ④ 貴 - 귀
10. ① 巨 - 신   ② 個 - 개   ③ 見 - 견   ④ 極 - 극
11. ① 景 - 경   ② 考 - 로   ③ 橋 - 교   ④ 難 - 난
12. ① 己 - 이   ② 給 - 급   ③ 念 - 념   ④ 吉 - 길

핵심 문제

■ 다음 훈음에 알맞은 한자를 쓰세요.

13. 임금 군 (　　　　)

14. 벼슬 관 (　　　　)

15. 손 객　 (　　　　)

■ 다음 물음에 답하시오.

16. 다음 중 부수가 다른 한자는 무엇입니까? ……………(　　　　)
    ① 求　　　② 決　　　③ 減　　　④ 課

17. 다음 한자 중 독음이 다른 것은 무엇입니까? ……………(　　　　)
    ① 期　　　② 基　　　③ 技　　　④ 支

■ 다음 한자를 필순에 맞게 쓰세요.

보기	九 → ノ 九

18. 巨

19. 固

20. 句

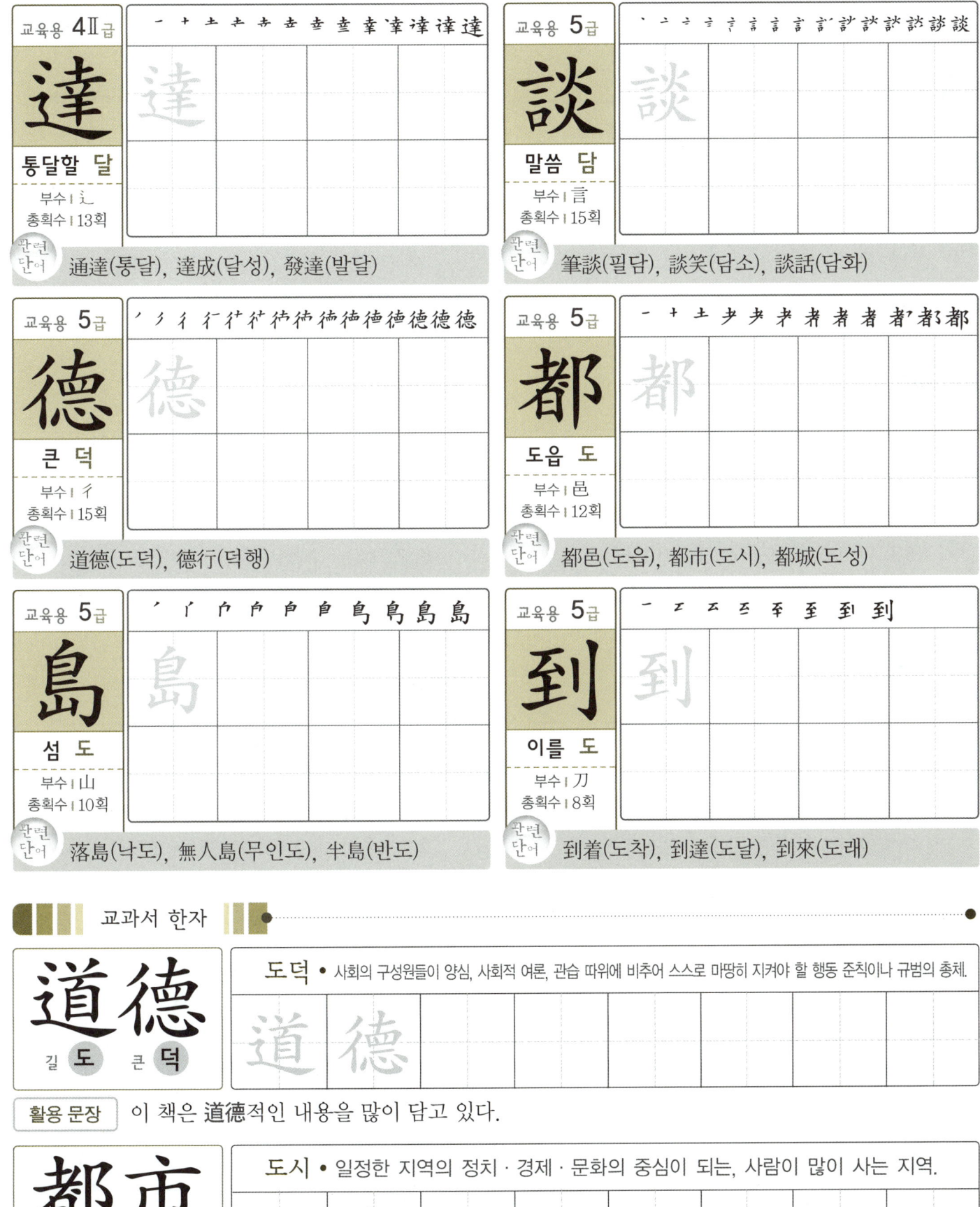

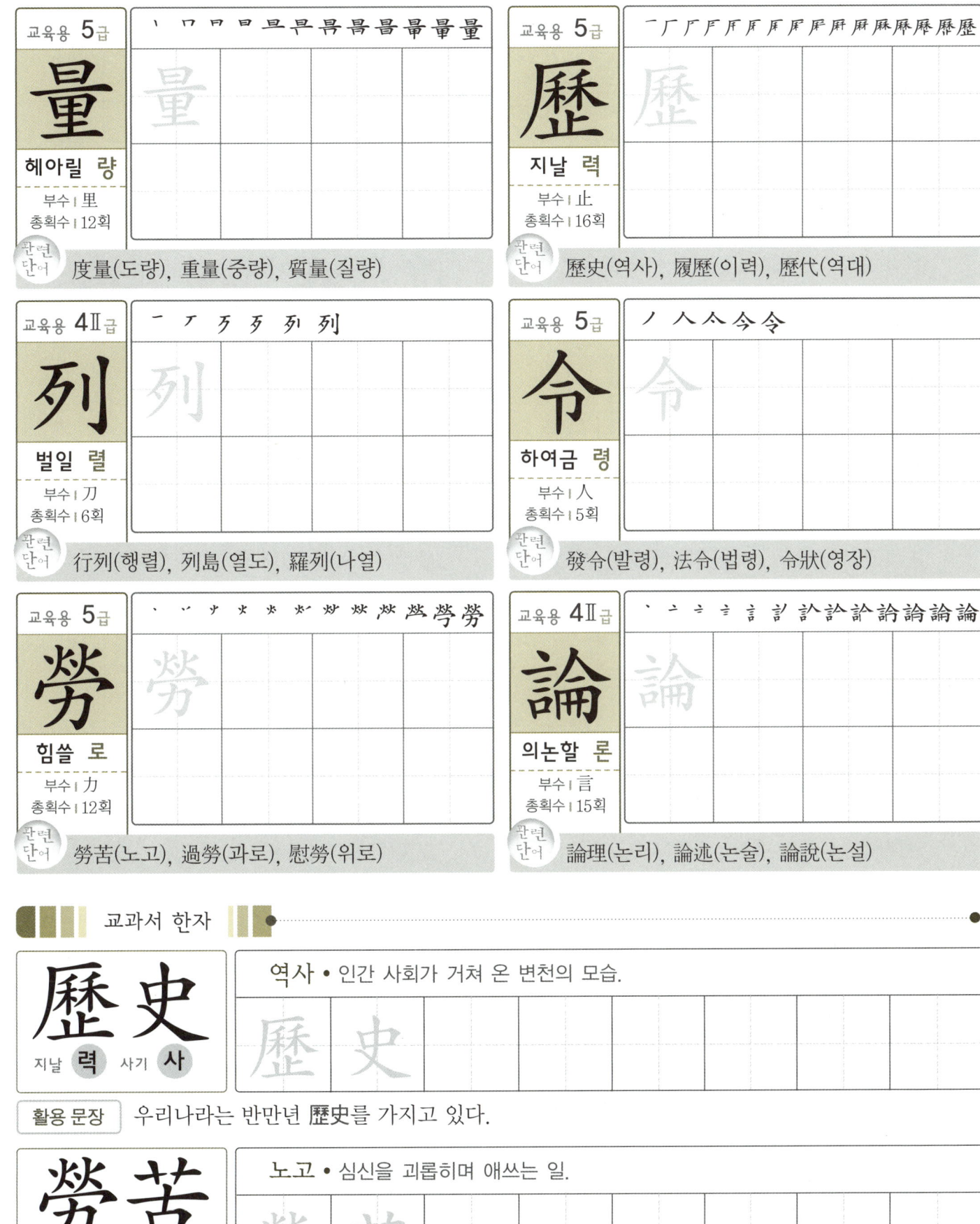

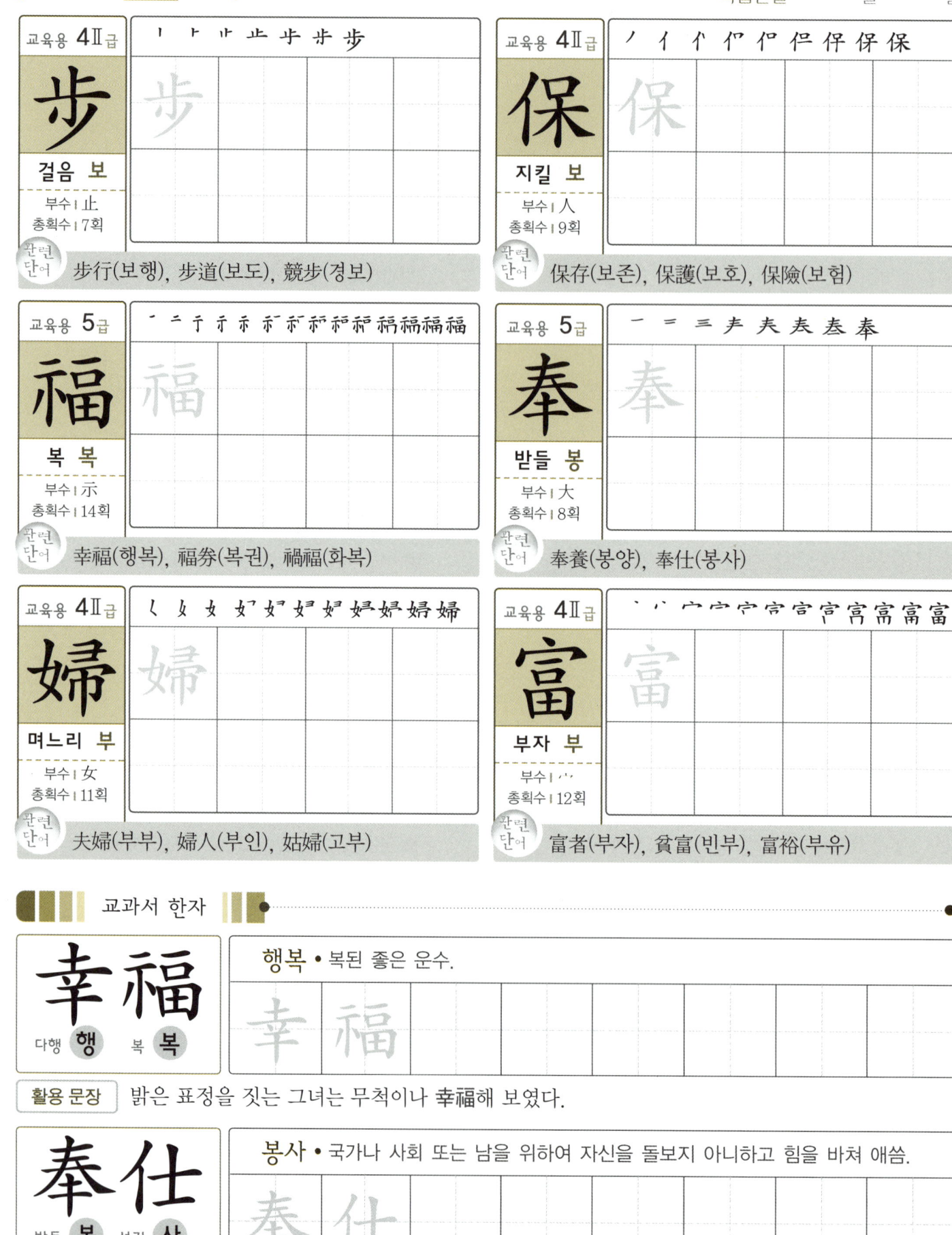

한자 쓰기 4단계 150字 익히기

학습한날   월   일

교육용 4Ⅱ급 復
획순: ノ ク 彳 彳 彳 疒 犳 狗 徇 復 復 復
회복할 복, 다시 부
부수: 彳
총획수: 12획
관련단어: 回復(회복), 復活(부활), 復舊(복구)

교육용 4Ⅱ급 備
획순: ノ 亻 亻 亻 伊 伊 伊 伊 備 備 備
갖출 비
부수: 人
총획수: 12획
관련단어: 準備(준비), 兼備(겸비), 具備(구비)

교육용 5급 比
획순: 一 匕 比 比
견줄 비
부수: 比
총획수: 4획
관련단어: 比較(비교), 比重(비중), 比率(비율)

교육용 4Ⅱ급 飛
획순: 乀 乀 飞 飞 飞 飛 飛 飛 飛
날 비
부수: 飛
총획수: 9획
관련단어: 飛行(비행), 飛上(비상), 飛報(비보)

교육용 4Ⅱ급 悲
획순: ノ 丿 扌 ヨ 卦 非 非 悲 悲 悲
슬플 비
부수: 心
총획수: 12획
관련단어: 悲哀(비애), 悲報(비보), 悲痛(비통)

교육용 4Ⅱ급 非
획순: ノ 丿 扌 ヨ 卦 非 非 非
아닐 비
부수: 非
총획수: 8획
관련단어: 是非(시비), 非凡(비범), 非情(비정)

교과서 한자

準備
준할 준 / 갖출 비
준비 • 미리 마련하여 갖춤.
활용 문장: 행사 準備를 하느라 모두들 분주하다.

是非
이 시 / 아닐 비
시비 • 옳음과 그름.
활용 문장: 그는 사소한 是非끝에 사람을 때리고 말았다.

핵심 문제

■ 다음 한자의 훈·음을 쓰세요.

1. 島
2. 落
3. 論
4. 陸
5. 務
6. 變

■ 다음 연결된 한자 중 나머지와 관계가 다른 한자는 무엇입니까?

7. ① 攻 - 防   ② 賣 - 買   ③ 陸 - 海   ④ 溫 - 暖
8. ① 獨 - 独   ② 歷 - 历   ③ 變 - 变   ④ 報 - 幸

■ 다음 한자에 독음이 잘못 연결된 것을 고르시오.

9. ① 福 - 복   ② 法 - 법   ③ 武 - 식   ④ 流 - 류
10. ① 談 - 담   ② 令 - 명   ③ 料 - 료   ④ 密 - 밀
11. ① 末 - 미   ② 馬 - 마   ③ 勉 - 면   ④ 比 - 비
12. ① 毛 - 수   ② 婦 - 부   ③ 兵 - 병   ④ 復 - 복

핵심 문제

■ 다음 훈음에 알맞은 한자를 쓰세요.

13. 아닐 비 (　　　　)

14. 망할 망 (　　　　)

15. 없을 무 (　　　　)

■ 다음 물음에 답하시오.

16. 다음 중 부수가 다른 한자는 무엇입니까? ………………(　　　　)

① 勉　　　　② 勞　　　　③ 務　　　　④ 留

17. 다음 한자 중 독음이 다른 것은 무엇입니까? …………(　　　　)

① 報　　　　② 步　　　　③ 保　　　　④ 富

■ 다음 한자를 필순에 맞게 쓰세요.

보기	九 → ノ 九

18. 比

19. 防

20. 保

三三五五 (삼삼오오)

① 삼사 인 또는 오륙 인이 떼를 지은 모양
② 여기저기 몇 명씩 흩어져 있는 모양

- 三 석(셋) 삼 (一, 총 3획)　　　五 다섯 오 (二, 총 4획)
  三 석(셋) 삼 (一, 총 3획)　　　五 다섯 오 (二, 총 4획)

- 활용 문장 : 학생들이 삼삼오오(三三五五) 다정하게 이야기하며 걸어 간다.

글/그림 이상민

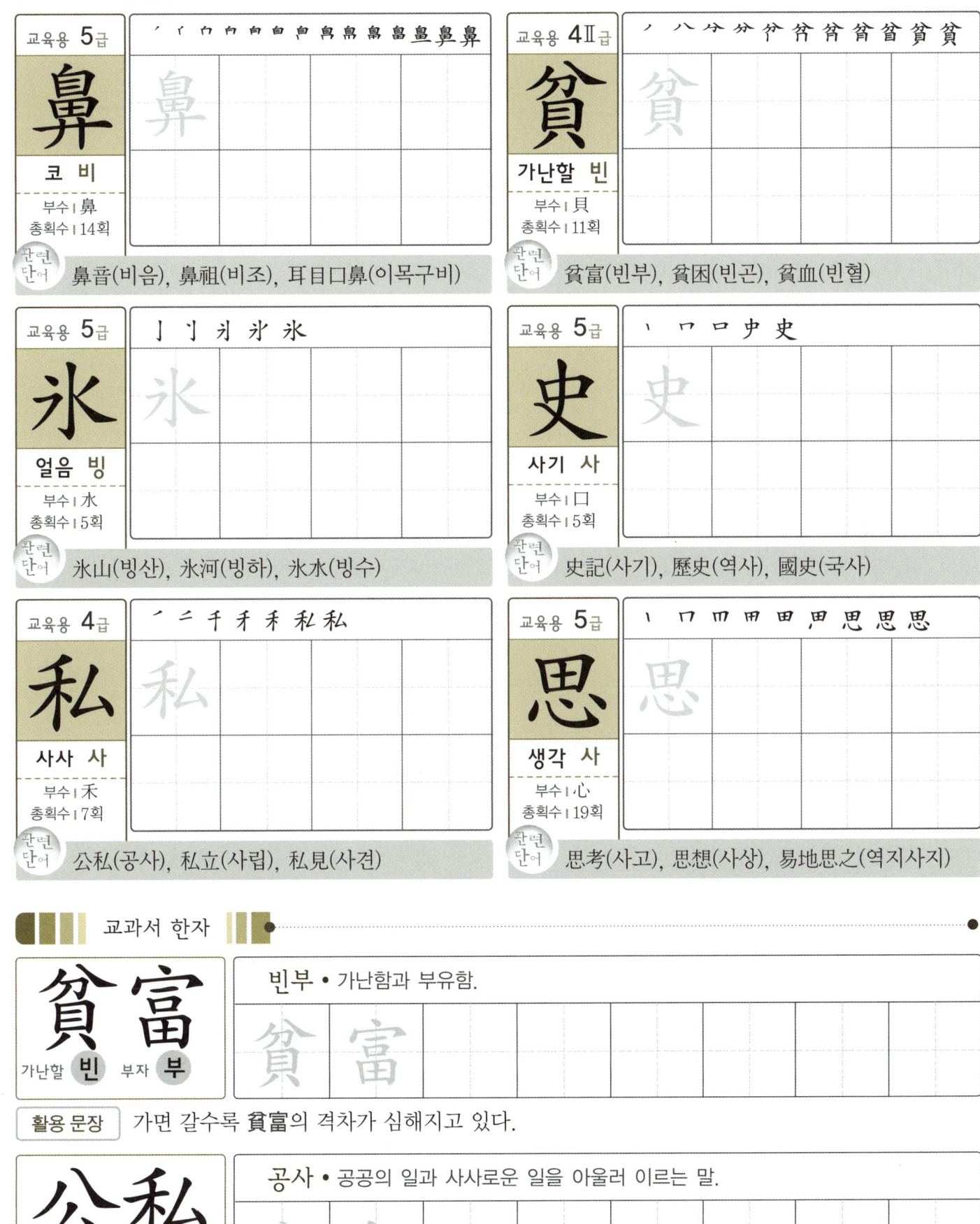

한자 쓰기 4단계 150字 익히기

학습한날   월   일

士 선비 사
교육용 5급
一 十 士
부수: 士
총획수: 3획
관련단어: 士官(사관), 博士(박사), 講士(강사)

仕 섬길 사
교육용 5급
丿 亻 仁 什 仕
부수: 人
총획수: 5획
관련단어: 奉仕(봉사), 出仕(출사)

師 스승 사
교육용 4Ⅱ급
丶 亻 亻 亇 白 自 卣 帥 師
부수: 巾
총획수: 10획
관련단어: 師弟(사제), 醫師(의사), 恩師(은사)

寺 절 사
교육용 4Ⅱ급
一 十 土 土 寺 寺
부수: 寸
총획수: 6획
관련단어: 寺院(사원), 山寺(산사)

産 낳을 산
교육용 5급
丶 亠 立 产 产 产 产 産 産
부수: 生
총획수: 11획
관련단어: 生産(생산), 産業(산업), 出産(출산)

殺 죽일 살, 감할 쇄
교육용 4Ⅱ급
丿 乂 乄 辛 秂 粂 杀 杀 殺 殺
부수: 殳
총획수: 11획
관련단어: 殺生(살생), 殺菌(살균), 減殺(감쇄)

교과서 한자

教師 가르칠 교 · 스승 사
교사 • 주로 초등학교·중학교·고등학교 따위에서, 일정한 자격을 가지고 학생을 가르치는 사람.

활용 문장: 초등학교 **教師**는 어린이를 정말 사랑합니다.

生産 날 생 · 낳을 산
생산 • 인간이 생활하는 데 필요한 각종 물건을 만들어 냄.

활용 문장: 우리 시골은 콩 따위의 밭작물이 많이 **生産**된다.

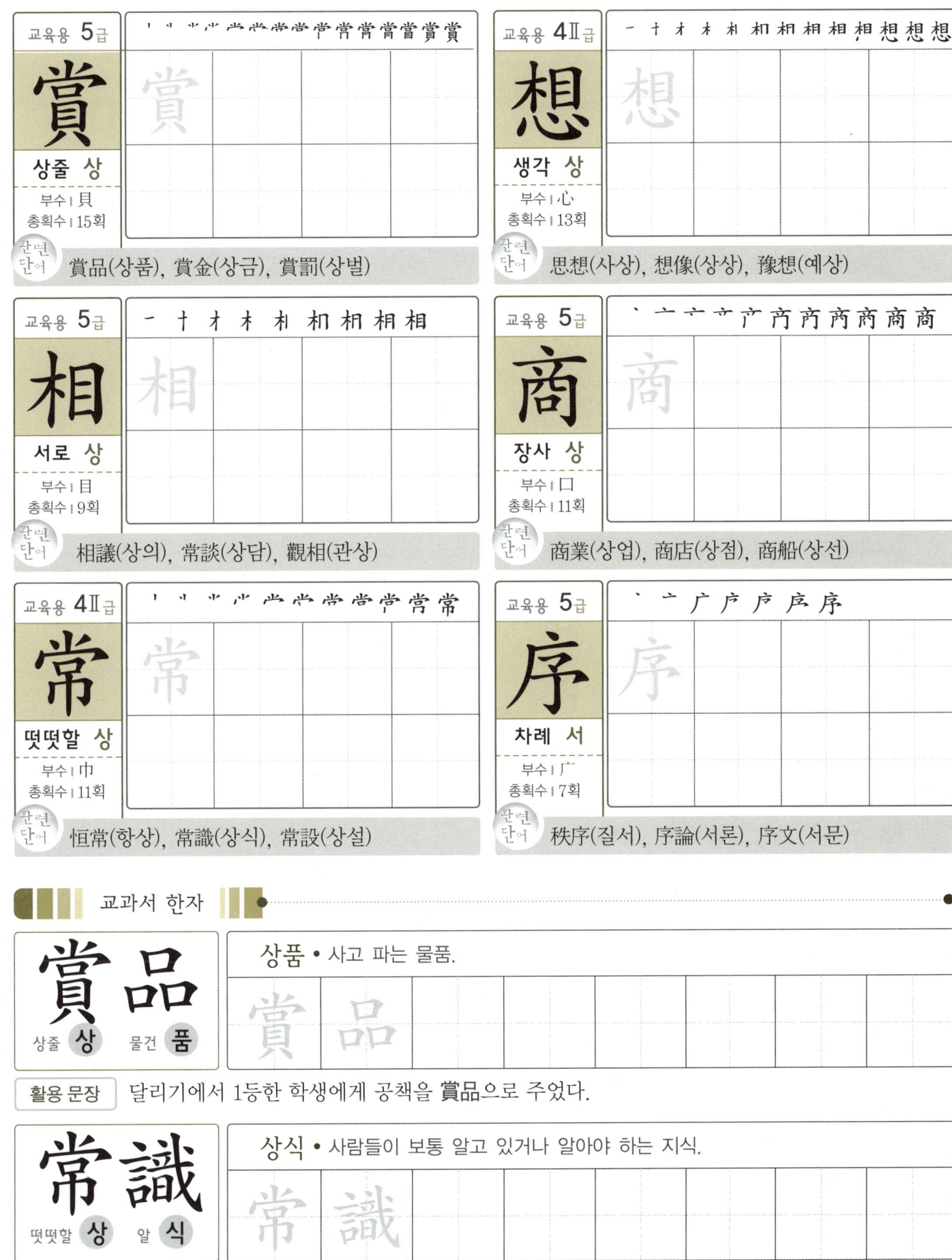

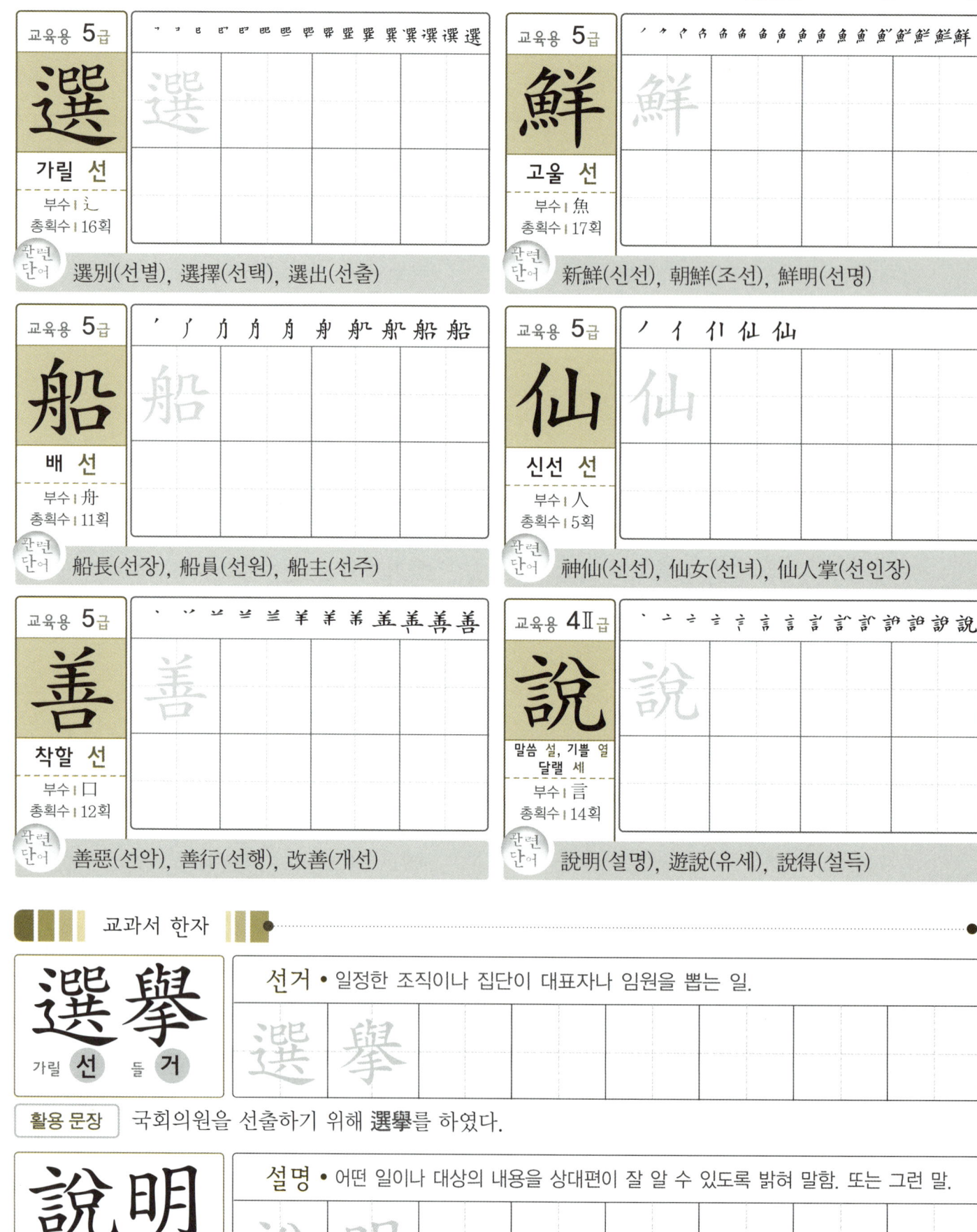

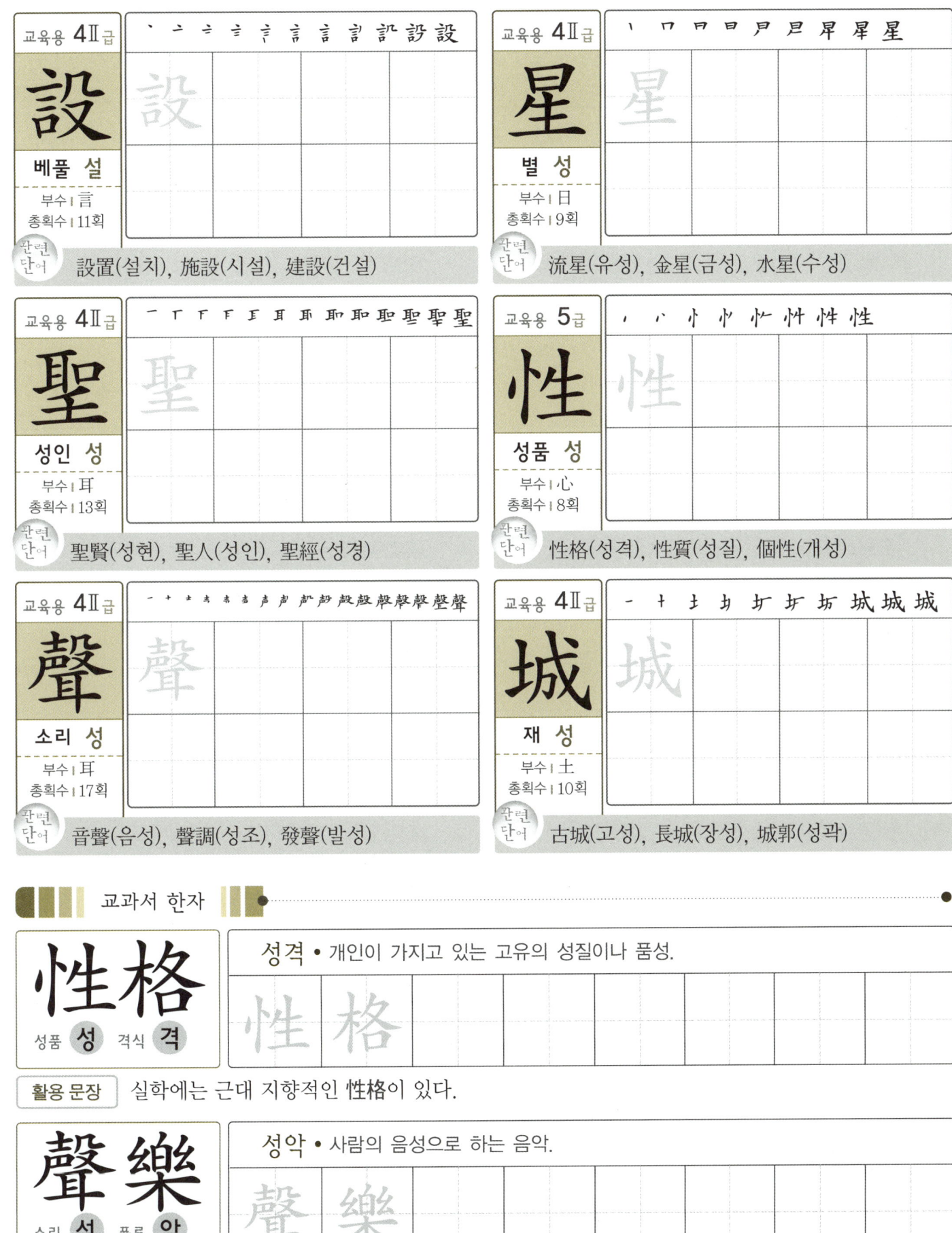

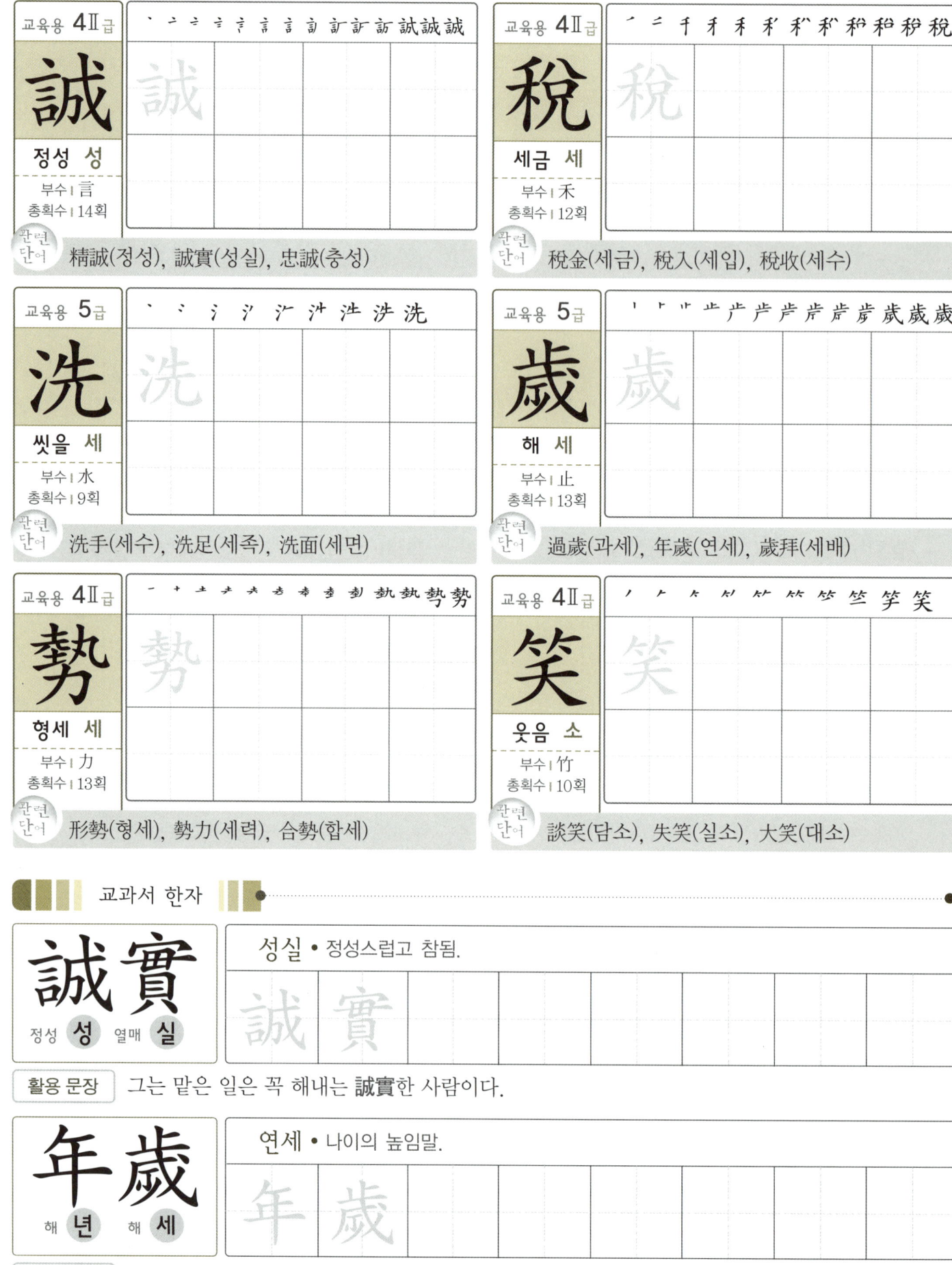

한자 쓰기 4단계 150字 익히기

교육용 4Ⅱ급 素
- 흴, 본디 소
- 부수: 糸
- 총획수: 14획
- 필순: 一 十 土 夫 生 圭 吉 丰 素 素
- 관련단어: 素質(소질), 要素(요소), 素材(소재)

교육용 4Ⅱ급 俗
- 풍속 속
- 부수: 人
- 총획수: 9획
- 필순: 丿 亻 亻 亻 俨 俨 俗 俗 俗
- 관련단어: 風俗(풍속), 民俗(민속), 世俗(세속)

교육용 4Ⅱ급 送
- 보낼 송
- 부수: 辶
- 총획수: 10획
- 관련단어: 放送(방송), 送出(송출), 送電(송전)

교육용 4Ⅱ급 收
- 거둘 수
- 부수: 攵
- 총획수: 6획
- 필순: 丨 丩 丩 収 収 收
- 관련단어: 收入(수입), 受容(수용), 收穫(수확)

교육용 4Ⅱ급 修
- 닦을 수
- 부수: 人
- 총획수: 10획
- 필순: 丿 亻 亻 亻 仿 佟 依 修 修 修
- 관련단어: 修行(수행), 修學(수학), 修身(수신)

교육용 5급 首
- 머리 수
- 부수: 首
- 총획수: 9획
- 관련단어: 首長(수장), 元首(원수), 首都(수도)

교과서 한자

俗談 — 풍속 속, 말씀 담

- 속담 • 예로부터 민간에 전하여 오는 쉬운 격언이나 잠언.
- 활용 문장: 세 살 적 버릇이 여든까지 간다는 **俗談**은 결코 헛말이 아니다.

修身 — 닦을 수, 몸 신

- 수신 • 악을 물리치고 선을 북돋아서 마음과 행실을 바르게 닦아 수양함.
- 활용 문장: **修身**제가 치국평천하라는 말이 있다.

핵심 문제

■ 다음 한자의 훈·음을 쓰세요.

1. 貧
2. 賞
3. 善
4. 稅
5. 俗
6. 洗

■ 다음 연결된 한자 중 나머지와 다른 관계의 한자는 무엇입니까?

7. ① 殺 - 生   ② 貧 - 富   ③ 公 - 私   ④ 思 - 想
8. ① 師 - 师   ② 聲 - 声   ③ 經 - 经   ④ 收 - 改

■ 다음 한자에 알맞은 독음이 잘못 연결된 것을 고르시오.

9. ① 俗 - 속   ② 洗 - 선   ③ 常 - 상   ④ 性 - 성
10. ① 士 - 토   ② 山 - 산   ③ 料 - 료   ④ 密 - 밀
11. ① 序 - 서   ② 選 - 선   ③ 修 - 수   ④ 性 - 생
12. ① 設 - 설   ② 首 - 혈   ③ 送 - 송   ④ 收 - 수

핵심 문제

■ 다음 훈음에 알맞은 한자를 쓰세요.

13. 얼음 빙 (　　　　)

14. 사기 사 (　　　　)

15. 신선 선 (　　　　)

■ 다음 물음에 답하시오.

16. 다음 중 부수가 다른 한자는 무엇입니까? ················(　　　　)

① 相　　　② 樹　　　③ 林　　　④ 植

17. 다음 한자 중 독음이 다른 것은 무엇입니까? ············(　　　　)

① 稅　　　② 洗　　　③ 勢　　　④ 脫

■ 다음 한자를 필순에 맞게 쓰세요.

보기	九 → ノ 九

18. 氷

19. 首

20. 序

 자신있는 한자, 어려운 한자 연습해 보세요.

❖ 투명 화일에 넣어서 공부하세요. ❖

5단계-① 미리보기

受	授	守	宿	順	示
視	詩	試	是	識	臣
實	深	兒	惡	眼	案
暗	約	養	羊	魚	漁
億	如	逆	研	熱	葉
榮	藝	玉	屋	完	往
要	浴	容	友	雨	牛
雲	雄	原	願	元	位
偉	肉	恩	陰	應	義

※ 절취선을 따라 잘라서 한자와 훈음을 익히면 학습효과가 뛰어납니다.

5단계-① 음·뜻 알기

보일 시	순할 순	잘 숙	지킬 수	줄 수	받을 수
신하 신	알 식	이 시	시험 시	시 시	볼 시
책상 안	눈 안	악할 악	아이 아	깊을 심	열매 실
고기잡을 어	물고기 어	양 양	기를 양	맺을 약	어두울 암
잎 엽	더울 열	갈 연	거스를 역	같을 여	억 억
갈 왕	완전할 완	집 옥	구슬 옥	재주 예	영화 영
소 우	비 우	벗 우	얼굴 용	목욕할 욕	요긴할 요
자리 위	으뜸 원	원할 원	언덕 원	수컷 웅	구름 운
옳을 의	응할 응	그늘 음	은혜 은	고기 육	클 위

❖ 투명 화일에 넣어서 공부하세요. ❖

5단계-② 미리보기

議	耳	以	移	益	引
認	仁	因	再	材	財
爭	低	貯	的	敵	赤
田	典	傳	展	絶	節
接	情	政	精	製	調
助	鳥	早	造	尊	存
卒	宗	終	種	罪	走
竹	衆	增	指	止	志
知	至	進	眞	質	次

※ 절취선을 따라 잘라서 한자와 훈음을 익히면 학습효과가 뛰어납니다.

5단계-② 음·뜻 알기

끌 인	더할 익	옮길 이	써 이	귀 이	의논할 의
재물 재	재목 재	두 재	인할 인	어질 인	알 인
붉을 적	대적할 적	과녁 적	쌓을 저	낮을 저	다툴 쟁
마디 절	끊을 절	펼 전	전할 전	법 전	밭 전
고를 조	지을 제	정할 정	정사 정	뜻 정	이을 접
있을 존	높을 존	지을 조	일찍 조	새 조	도울 조
달릴 주	허물 죄	씨 종	마칠 종	마루 종	마칠 졸
뜻 지	그칠 지	가리킬 지	더할 증	무리 중	대 죽
버금 차	바탕 질	참 진	나아갈 진	이를 지	알 지

❖ 투명 화일에 넣어서 공부하세요. ❖

 5단계-③ 미리보기

着	察	參	唱	責	請
初	最	祝	充	忠	取
治	齒	致	則	快	他
打	宅	統	退	波	敗
品	豊	必	筆	河	寒
限	解	害	鄕	香	賢
血	協	惠	好	湖	婚
化	貨	患	回	效	黑
興	喜	希	약자 実	약자 芸	약자 兴

※ 절취선을 따라 잘라서 한자와 훈음을 익히면 학습효과가 뛰어납니다.

5단계-③ 음·뜻 알기

청할 청	꾸짖을 책	부를 창	참여할 참 / 석 삼	살필 찰	붙을 착
가질 취	충성 충	채울 충	빌 축	가장 최	처음 초
다를 타	쾌할 쾌	법칙 칙 / 곧 즉	이를 치	이 치	다스릴 치
패할 패	물결 파	물러날 퇴	거느릴 통	집 택	칠 타
찰 한	물 하	붓 필	반드시 필	풍년 풍	물건 품
어질 현	향기 향	시골 향	해할 해	풀 해	한할 한
혼인할 혼	호수 호	좋을 호	은혜 혜	도울 협	피 혈
검을 흑	본받을 효	돌아올 회	근심 환	재물 화	될 화
일 흥	재주 예	열매 실	바랄 희	기쁠 희	일 흥

한자 쓰기 **5단계**

150字 익히기

한자 쓰기 5단계 150字 익히기

視 (볼 시)
교육용 4II급
부수: 見, 총획수: 12획
필순: 丶 亍 亓 示 礻 礻 視 視 視 視 視 視
관련 단어: 視聽(시청), 重視(중시), 視覺(시각)

詩 (시 시)
교육용 4II급
부수: 言, 총획수: 13획
필순: 丶 亠 亓 言 言 言 計 詩 詩 詩 詩
관련 단어: 詩想(시상), 詩人(시인), 詩集(시집)

試 (시험 시)
교육용 4II급
부수: 言, 총획수: 13획
필순: 丶 亠 亓 言 言 言 詩 試 試 試 試
관련 단어: 試驗(시험), 考試(고시), 試合(시합)

是 (이 시)
교육용 4II급
부수: 日, 총획수: 9획
필순: 丨 口 日 旦 무 무 昂 是
관련 단어: 是非(시비), 亦是(역시), 是正(시정)

識 (알 식)
교육용 5급
부수: 言, 총획수: 19획
관련 단어: 知識(지식), 識見(식견), 認識(인식)

臣 (신하 신)
교육용 5급
부수: 臣, 총획수: 6획
필순: 一 丅 丆 丏 臣 臣
관련 단어: 臣下(신하), 君臣(군신), 使臣(사신)

교과서 한자

詩人 (시 시, 사람 인)
시인 • 시를 전문적으로 짓는 사람.
활용 문장: 모든 시는 넓은 뜻에서 詩人들의 자화상이라고 할 수 있다.

知識 (알 지, 알 식)
지식 • 어떤 대상에 대하여 배우거나 실천을 통하여 알게 된 명확한 인식이나 이해.
활용 문장: 그의 해박한 知識은 이미 잘 알려져 있다.

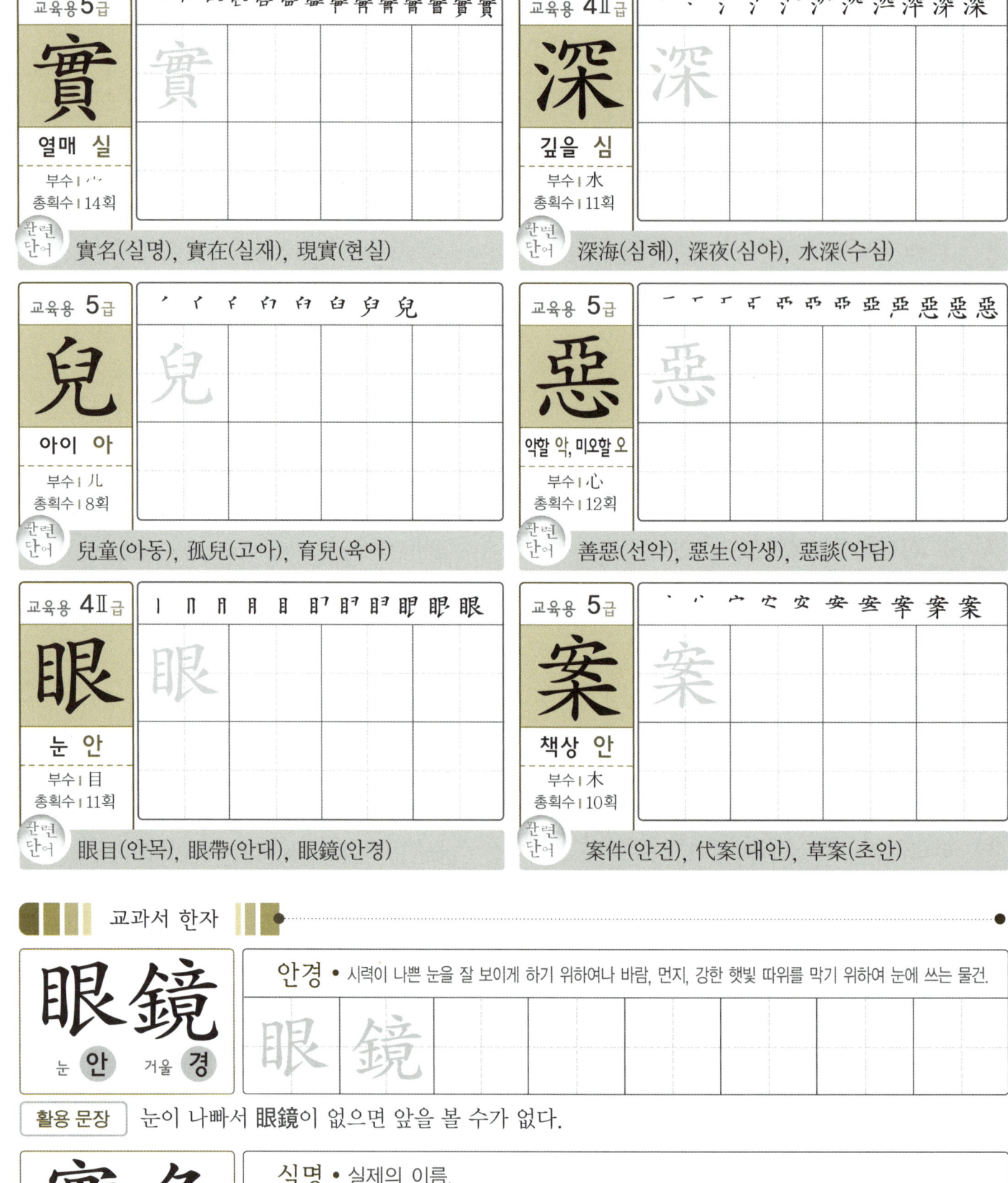

한자 쓰기 5단계 150字 익히기

暗 (어두울 암)
교육용 4Ⅱ급
필순: 丨 冂 日 日 日' 日立 日产 旷 旷 暗 暗 暗
부수: 日
총획수: 13획
관련단어: 暗黑(암흑), 暗記(암기), 暗示(암시)

約 (맺을 약)
교육용 5급
필순: 丿 幺 幺 幺 糸 糸 糸' 約 約
부수: 糸
총획수: 9획
관련단어: 約束(약속), 約婚(약혼), 協約(협약)

養 (기를 양)
교육용 5급
필순: 丶 丷 丷 羊 羊 羊 美 养 养 养 養 養 養
부수: 食
총획수: 15획
관련단어: 奉養(봉양), 養育(양육), 營養(영양)

羊 (양 양)
교육용 4Ⅱ급
필순: 丶 丶 丷 ソ 兰 羊
부수: 羊
총획수: 6획
관련단어: 羊毛(양모), 羊頭狗肉(양두구육)

魚 (물고기 어)
교육용 5급
필순: 丿 ㄅ ㄅ 夂 叾 召 角 魚 魚 魚 魚
부수: 魚
총획수: 11획
관련단어: 養魚(양어), 魚類(어류), 活魚(활어) 育

漁 (고기잡을 어)
교육용 5급
필순: 丶 丶 氵 氵 氵 汅 浒 渔 渔 渔 渔 漁 漁 漁
부수: 水
총획수: 14획
관련단어: 漁村(어촌), 漁夫(어부), 漁民(어민)

교과서 한자

約束 (맺을 약, 묶을 속)
약속 • 다른 사람과 앞으로의 일을 어떻게 할 것인가를 미리 정하여 둠. 또는 그렇게 정한 내용.
활용 문장: 그녀는 約束시간보다 2시간이나 늦게 도착했다.

養育 (기를 양, 기를 육)
양육 • 아이를 보살펴서 자라게 함.
활용 문장: 아이들의 養育은 친 부모가 하는 것이 가장 좋다.

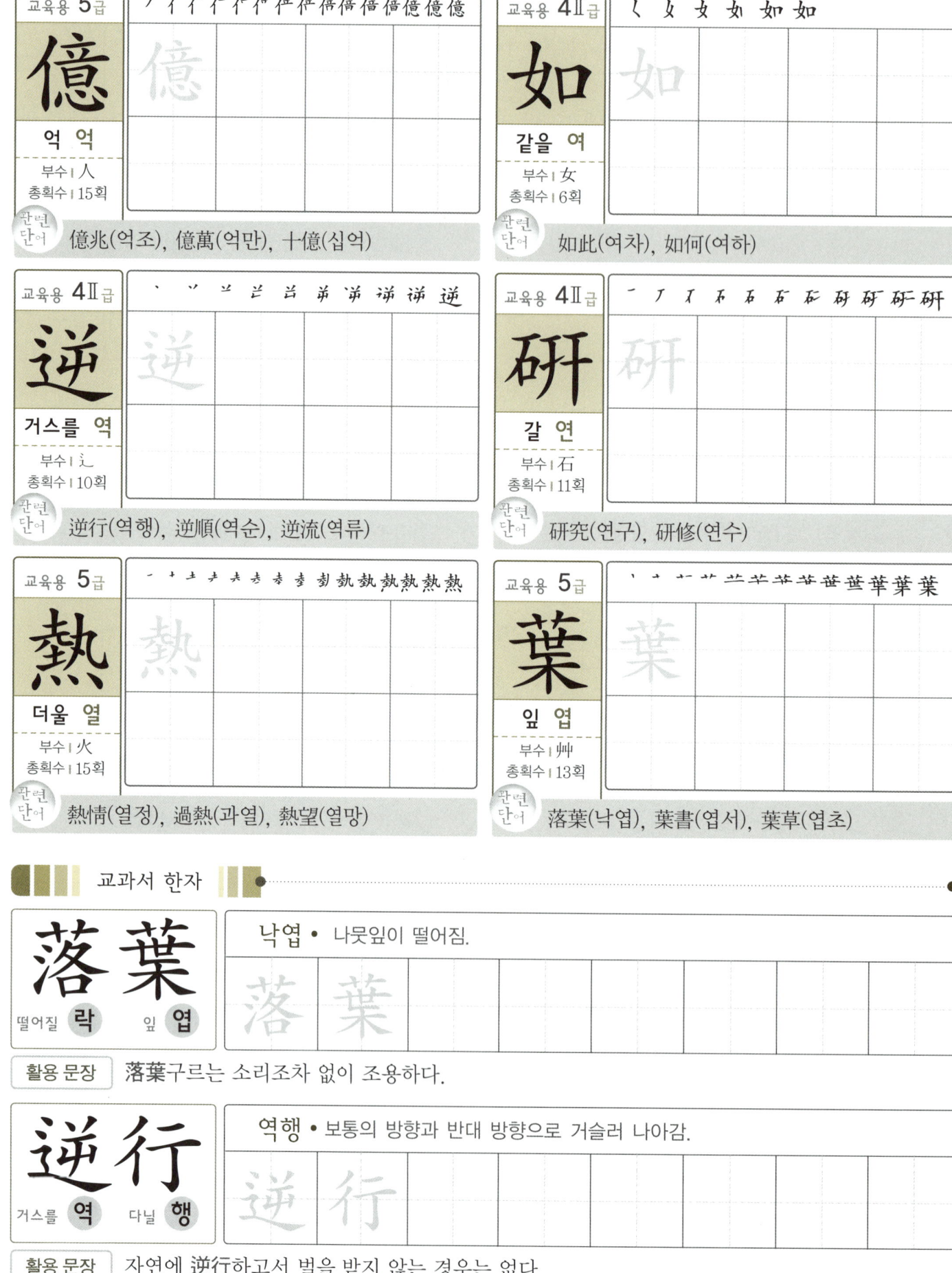

한자 쓰기 5단계 150자 익히기

학습한날   월   일

교육용 4Ⅱ급
榮 영화 영
부수 | 木
총획수 | 14획
필순: 丶 丷 丿 ⺍ ⺌ ⺍ ⺍⺍ 炏 炏 炏 炋 榮 榮

관련 단어: 榮譽(영예), 榮光(영광), 榮位(영위)

교육용 4Ⅱ급
藝 재주 예
부수 | 艹
총획수 | 19획

관련 단어: 藝術(예술), 美術(미술), 藝能(예능)

교육용 4Ⅱ급
玉 구슬 옥
부수 | 玉
총획수 | 5획
필순: 一 T 干 王 玉

관련 단어: 玉石(옥석), 玉稿(옥고), 玉皇(옥황)

교육용 5급
屋 집 옥
부수 | 尸
총획수 | 9획
필순: 一 フ 尸 尸 居 居 居 屋 屋

관련 단어: 家屋(가옥), 屋上(옥상), 社屋(사옥)

교육용 5급
完 완전할 완
부수 | 宀
총획수 | 7획
필순: 丶 丶 宀 宀 宀 宇 完

관련 단어: 完全(완전), 完結(완결), 完了(완료)

교육용 4Ⅱ급
往 갈 왕
부수 | 彳
총획수 | 8획
필순: 丿 夕 彳 彳 彳 行 往 往

관련 단어: 往來(왕래), 往年(왕년), 往復(왕복)

교과서 한자

藝術 재주 예 · 재주 술

예술 · 기예와 학술을 아울러 이르는 말.

활용 문장: 그의 운전 솜씨는 거의 **藝術**이다.

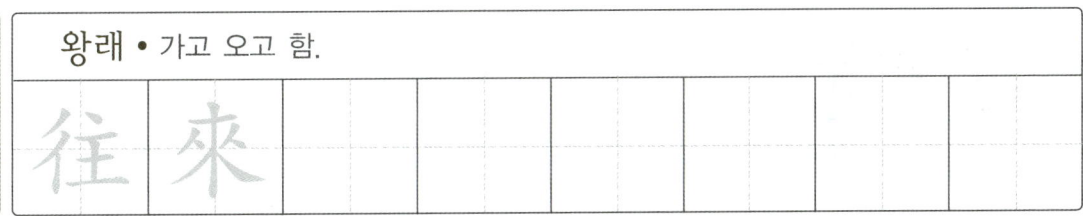
往來 갈 왕 · 올 래

왕래 · 가고 오고 함.

활용 문장: 크게 싸운 후 친척과 **往來**를 완전히 끊었다.

한자 쓰기 5단계 150字 익히기

학습한날   월   일

교육용 5급 雲 구름 운
부수 | 雨
총획수 | 12획
필순: 一 厂 戶 而 币 雨 雪 雲 雲 雲 雲
관련단어: 白雲(백운), 雲集(운집), 雲海(운해)

교육용 5급 雄 수컷 웅
부수 | 隹
총획수 | 12획
필순: 一 ナ ナ 左 太 太 太 衼 雄 雄 雄
관련단어: 英雄(영웅), 雄壯(웅장), 雄飛(웅비)

교육용 5급 原 언덕 원
부수 | 厂
총획수 | 10획
필순: 一 厂 厂 厂 斤 斤 盾 盾 原 原
관련단어: 原則(원칙), 原理(원리), 原油(원유)

교육용 5급 願 원할 원
부수 | 頁
총획수 | 19획
필순: 一 厂 厂 斤 盾 盾 原 原 願 願 願 願 願
관련단어: 願望(원망), 願書(원서), 祈願(기원)

교육용 5급 元 으뜸 원
부수 | 儿
총획수 | 4획
필순: 一 二 テ 元
관련단어: 元祖(원조), 元老(원로), 元首(원수)

교육용 5급 位 자리 위
부수 | 人
총획수 | 7획
필순: 丿 亻 亻 亻 广 位 位
관련단어: 地位(지위), 單位(단위), 位置(위치)

교과서 한자

原理
언덕 **원** · 다스릴 **리**

원리 · 사물의 근본이 되는 이치.

활용 문장: 우리는 민주주의의 **原理**를 바르게 이해하고 실천해야겠다.

位置
자리 **위** · 둘 **치**

위치 · 일정한 곳에 자리를 차지함.

활용 문장: 학생 **位置**를 벗어나는 행동은 삼가야 한다.

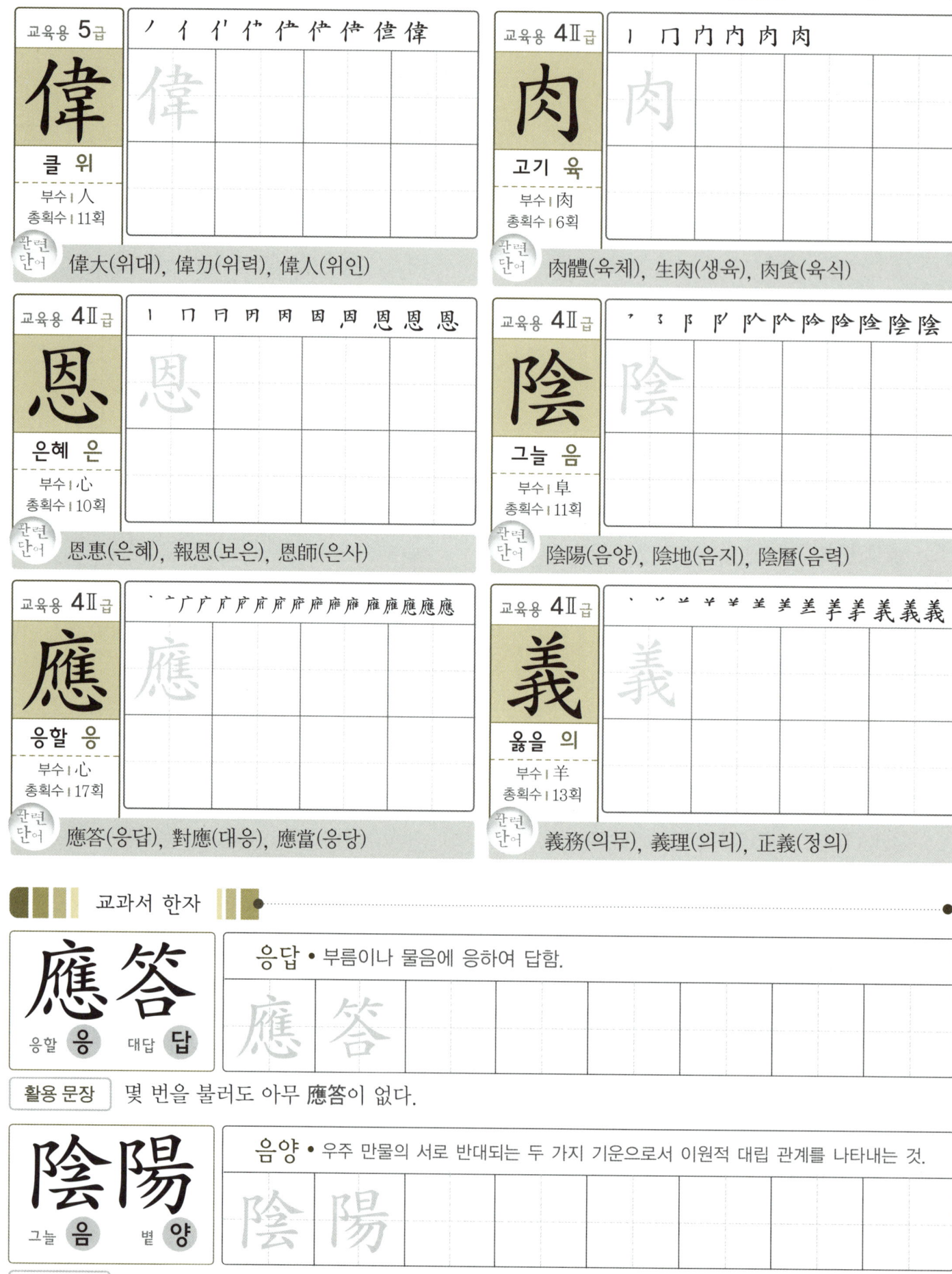

莫上莫下 (막상막하)

낫고 못하고를 거의 가리기 어려울 만큼 차이가 없음.

- 莫 없을 막 (艹, 총 11획)
  上 윗 상 (一, 총 3획)

  莫 없을 막 (艹, 총 11획)
  下 아래 하 (一, 총 3획)

- 동의어 : **난형난제(難兄難弟)**
- 활용 문장 : 철수와 영희는 성적이 막상막하(莫上莫下)였어요.

글/그림 이상민

핵심 문제

■ 다음 한자의 훈·음을 쓰세요.

1. 順
2. 實
3. 養
4. 容
5. 肉
6. 應

■ 다음 연결된 한자 중 나머지와 다른 관계의 한자는 무엇입니까?

7. ① 陰-陽　② 眼-目　③ 君-臣　④ 是-非
8. ① 實-実　② 藝-芸　③ 應-応　④ 善-惡

■ 다음 한자에 독음이 잘못 연결된 것을 고르시오.

9. ① 識-직　② 約-약　③ 硏-연　④ 葉-엽
10. ① 深-탐　② 案-안　③ 宿-숙　④ 億-억
11. ① 景-경　② 考-로　③ 橋-교　④ 難-난
12. ① 元-완　② 牛-우　③ 榮-영　④ 要-요

핵심 문제

■ 다음 훈음에 알맞은 한자를 쓰세요.

13. 자리 위 (   )

14. 구슬 옥 (   )

15. 양 양   (   )

■ 다음 물음에 답하시오.

16. 다음 중 부수가 다른 한자는 무엇입니까? ……………(   )
    ① 魚   ② 熱   ③ 無   ④ 然

17. 다음 한자 중 독음이 다른 것은 무엇입니까? ……………(   )
    ① 試   ② 詩   ③ 視   ④ 識

■ 다음 한자를 필순에 맞게 쓰세요.

| 보기 | 九 → ノ 九 |

18. 固

19. 守

20. 屋

 자신있는 한자, 어려운 한자 연습해 보세요.

한자 쓰기 5단계 150字 익히기

議 의논할 의
- 교육용 4II급
- 부수: 言
- 총획수: 20획
- 관련단어: 論議(논의), 會議(회의), 抗議(항의)

耳 귀 이
- 교육용 5급
- 부수: 耳
- 총획수: 6획
- 관련단어: 耳目(이목), 耳目口鼻(이목구비)

以 써 이
- 교육용 5급
- 부수: 人
- 총획수: 5획
- 관련단어: 以上(이상), 所以(소이), 以下(이하)

移 옮길 이
- 교육용 4II급
- 부수: 禾
- 총획수: 11획
- 관련단어: 移動(이동), 移住(이주), 移轉(이전)

益 더할 익
- 교육용 4II급
- 부수: 皿
- 총획수: 10획
- 관련단어: 利益(이익), 有益(유익), 權益(권익)

引 끌 인
- 교육용 4II급
- 부수: 弓
- 총획수: 4획
- 관련단어: 引出(인출), 引率(인솔), 引受(인수)

교과서 한자

移動 옮길 이 / 움직일 동
- 이동 • 움직여 옮김. 또는 움직여 자리를 바꿈.
- 활용 문장: 마을 사람들은 회관으로 **移動** 하였다.

有益 있을 유 / 더할 익
- 유익 • 이롭거나 도움이 됨.
- 활용 문장: 선한 행동은 사람에게 **有益**하고 좋은 것이다.

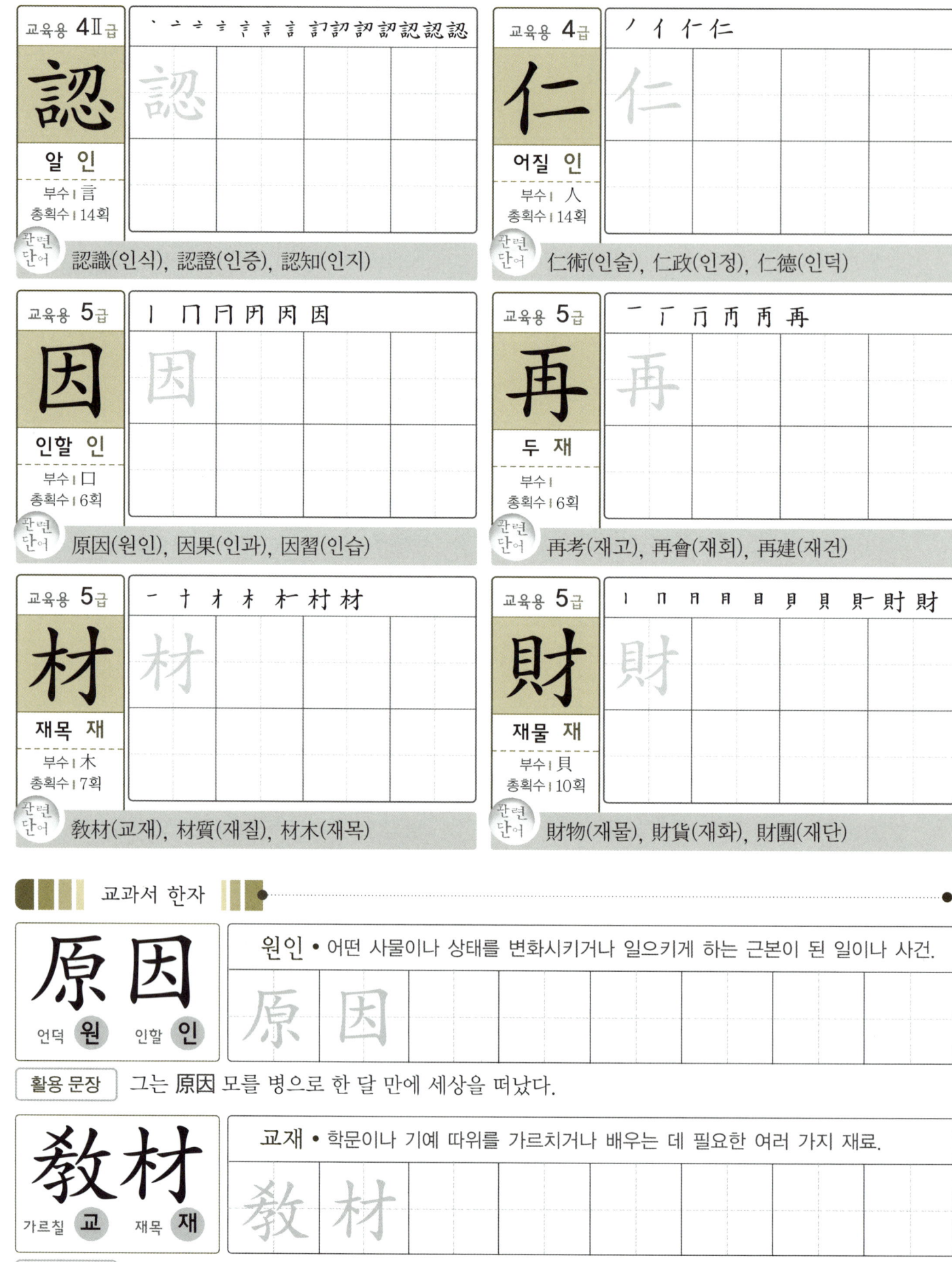

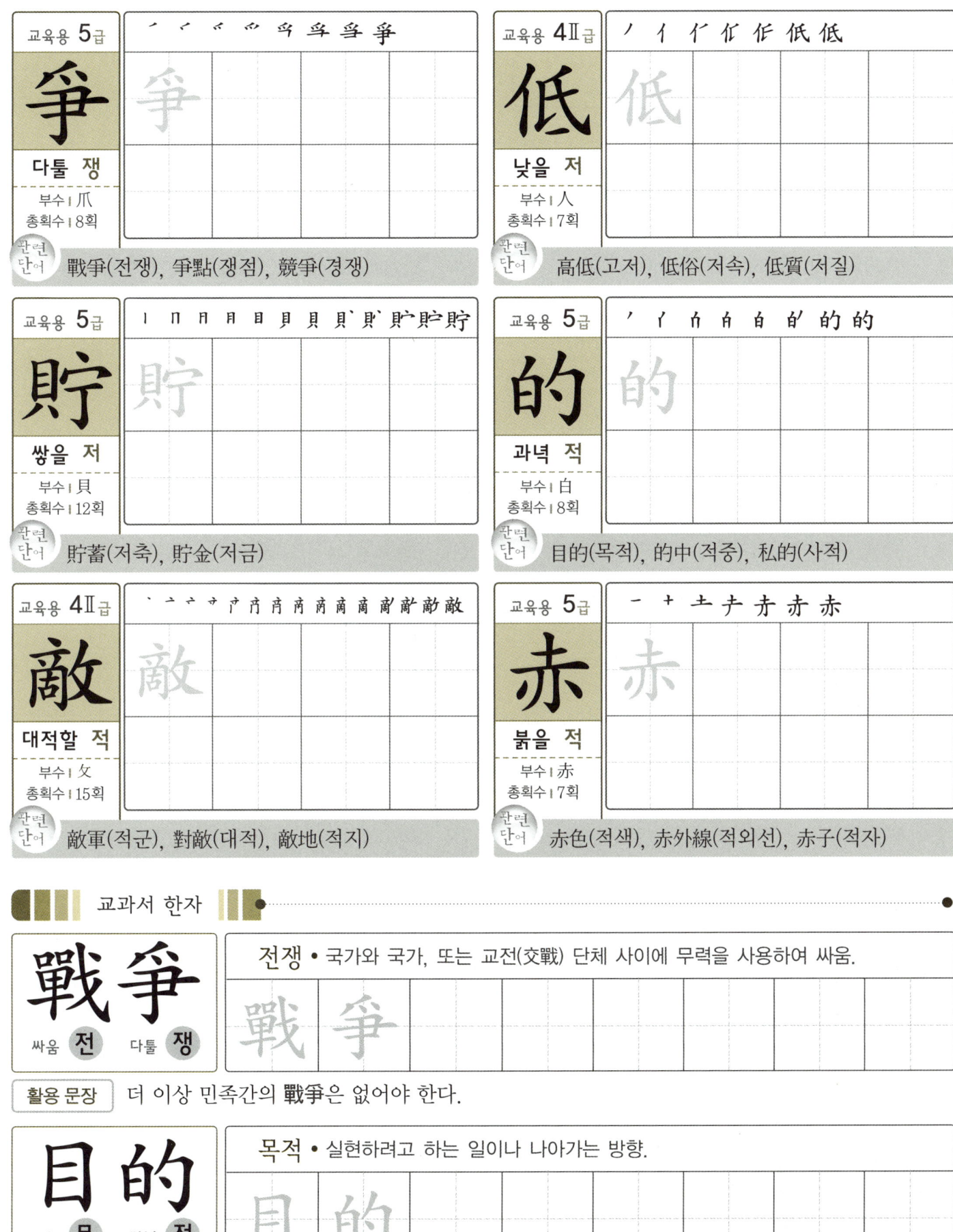

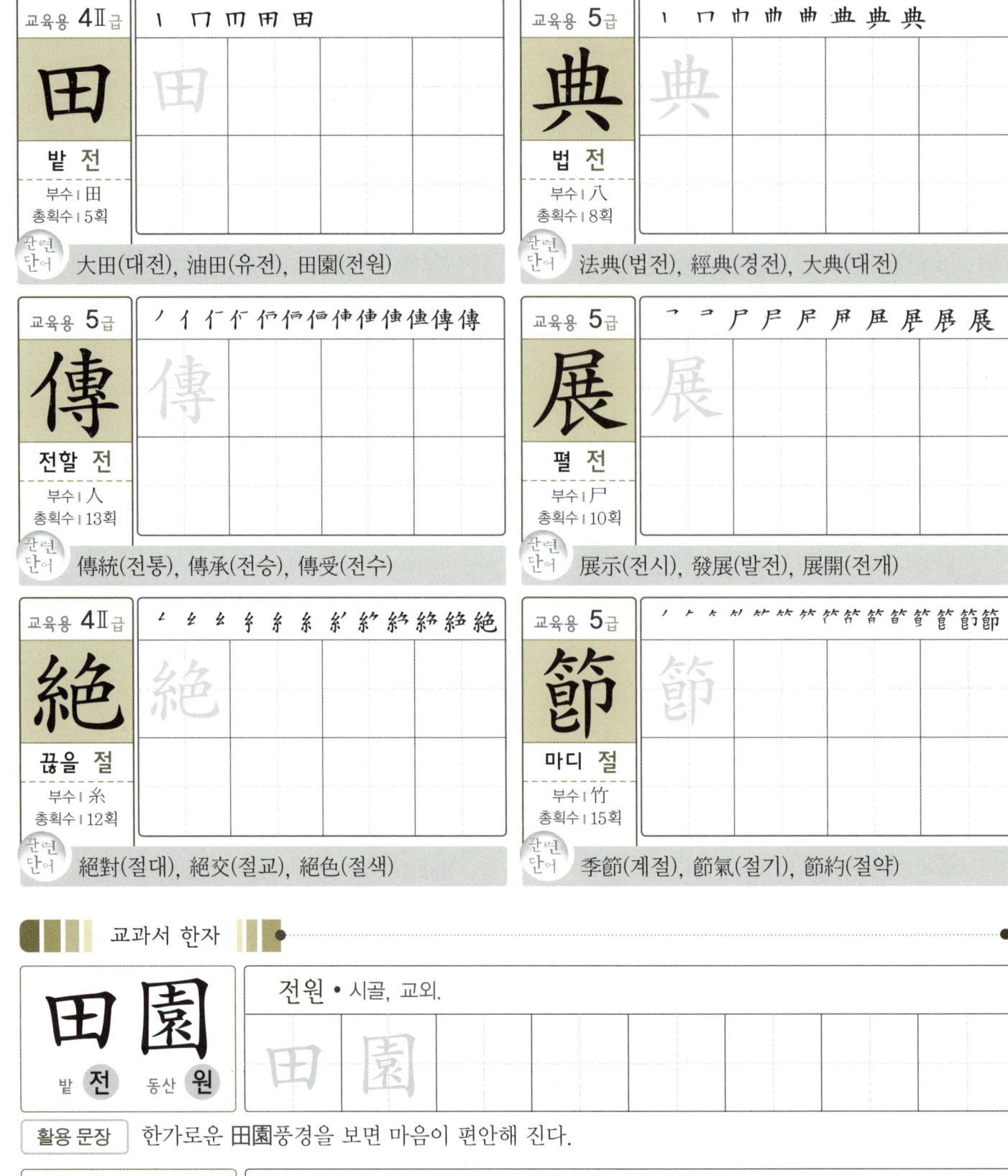

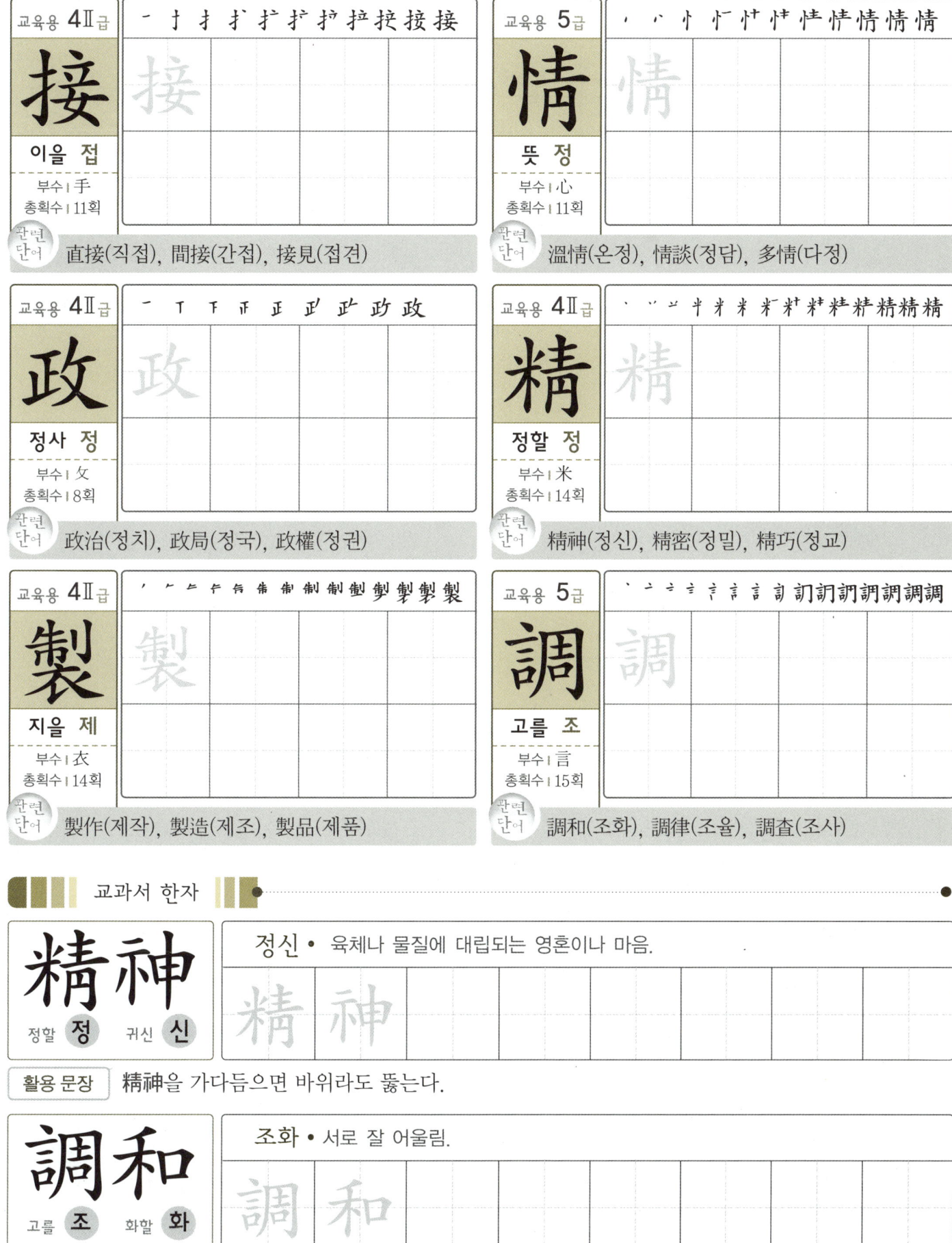

한자 쓰기 5단계 150字 익히기

학습한날   월   일

교육용 4Ⅱ급 助
ㅣ 日 日 日 且 助 助
도울 조
부수: 力
총획수: 7획
관련단어: 協助(협조), 助手(조수), 助言(조언)

교육용 4Ⅱ급 鳥
´ ´ ´ ´ ´ 自 鳥 鳥 鳥 鳥 鳥
새 조
부수: 鳥
총획수: 11획
관련단어: 鳥類(조류), 吉鳥(길조), 鳥足之血(조족지혈)

교육용 4Ⅱ급 早
ㅣ 口 日 日 므 早
일찍 조
부수: 日
총획수: 6획
관련단어: 早期(조기), 早熟(조숙)

교육용 4Ⅱ급 造
´ ´ 止 牛 牛 告 告 浩 浩 造
지을 조
부수: 辶
총획수: 11획
관련단어: 構造(구조), 改造(개조), 造成(조성)

교육용 4Ⅱ급 尊
´ ´ ´ ´ 斗 分 竹 首 酋 酋 尊 尊
높을 존
부수: 寸
총획수: 12획
관련단어: 尊敬(존경), 尊重(존중), 尊貴(존귀)

교육용 4급 存
一 ナ オ 无 存 存
있을 존
부수: 子
총획수: 6획
관련단어: 存在(존재), 存亡(존망), 現存(현존)

교과서 한자

創造 비롯할 창 지을 조
창조 • 전에 없던 것을 처음으로 만듦.
활용 문장: 새로운 **創造**정신이 있어야 발전이 가능하다.

尊敬 높을 존 공경 경
존경 • 남의 인격, 사상, 행위 따위를 받들어 공경함.
활용 문장: 그 분은 모든 친구들로부터 **尊敬**과 신뢰를 받아왔다.

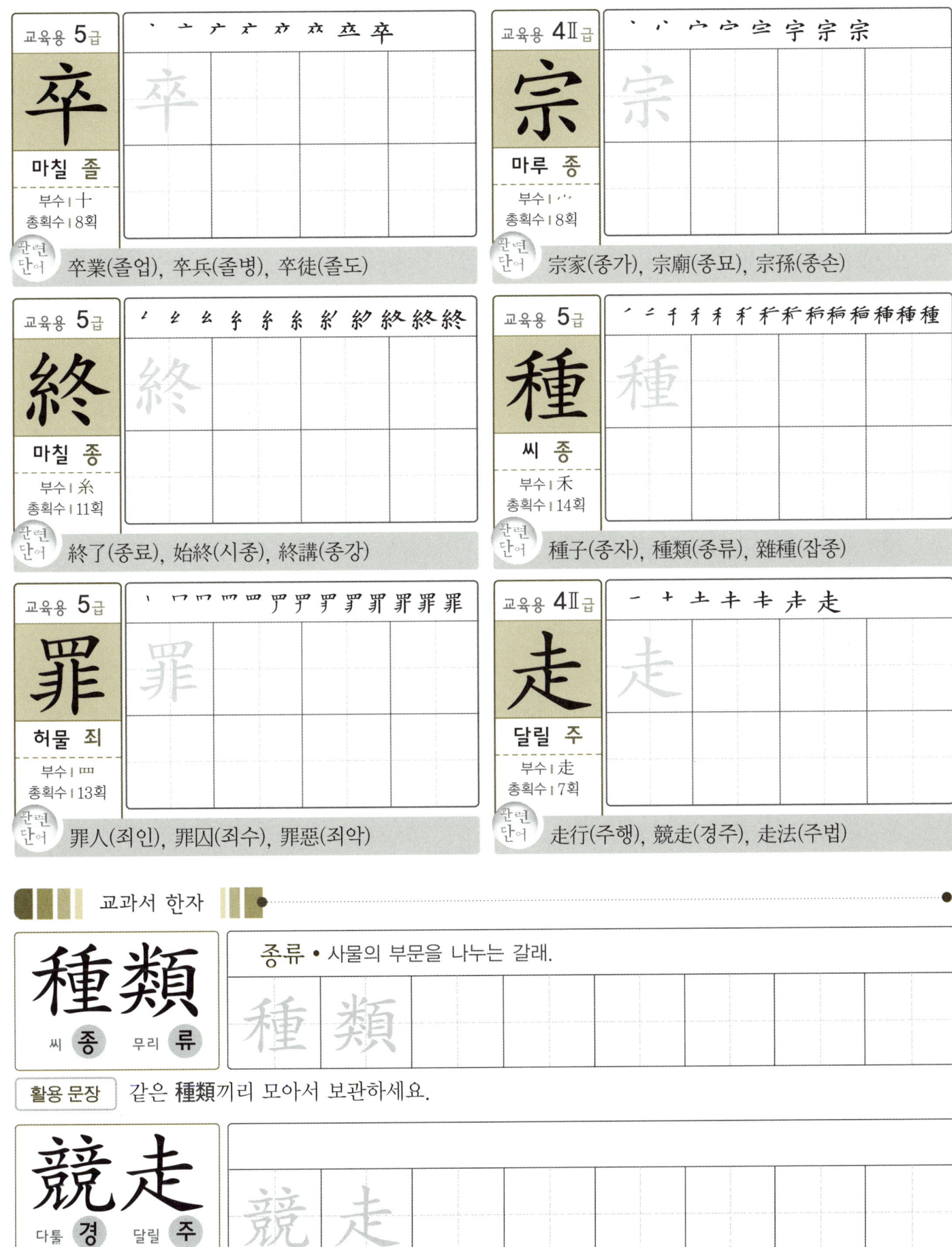

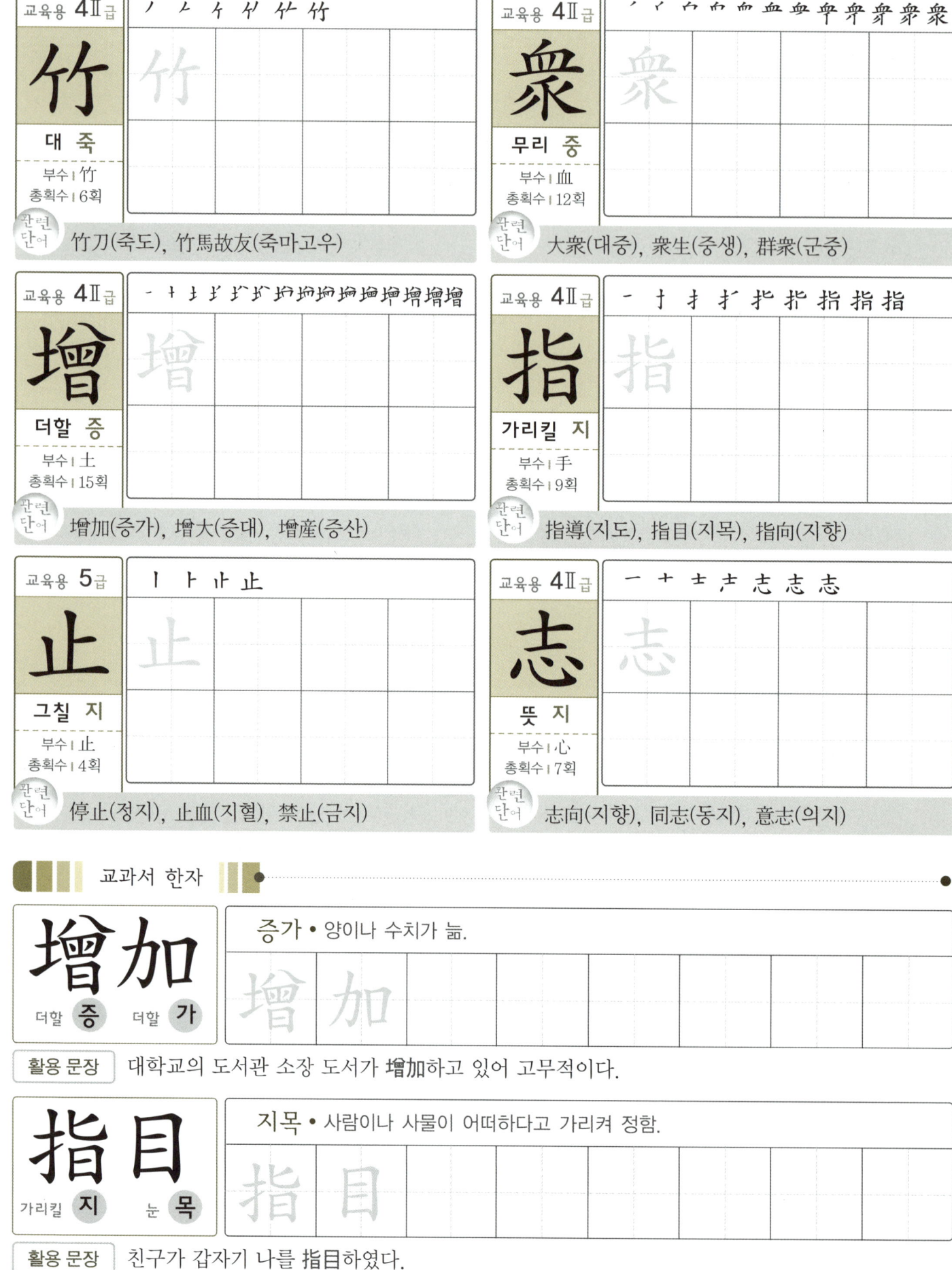

한자 쓰기 5단계 150字 익히기

교육용 4Ⅱ급
知 알 지
부수: 矢
총획수: 8획
필순: ノ ト ㇄ 矢 矢 知 知 知
관련 단어: 知能(지능), 知識(지식), 知覺(지각)

교육용 4Ⅱ급
至 이를 지
부수: 至
총획수: 6획
필순: 一 エ 云 云 至 至
관련 단어: 至極(지극), 冬至(동지), 夏至(하지)

교육용 4Ⅱ급
進 나아갈 진
부수: 辶
총획수: 12획
필순: ノ イ イ 伊 伊 仹 隹 隹 泎 淮 進 進
관련 단어: 進退(진퇴), 進行(진행), 進度(진도)

교육용 5급
眞 참 진
부수: 目
총획수: 10획
필순: 一 ヒ ヒ 片 片 盲 眞 眞 眞 眞
관련 단어: 眞心(진심), 眞僞(진위), 眞實(진실)

교육용 5급
質 바탕 질
부수: 貝
총획수: 15획
필순: ノ ケ 广 斤 斦 斦 斦 斦 筲 筲 質 質 質 質 質
관련 단어: 質量(질량), 本質(본질), 變質(변질)

교육용 4Ⅱ급
次 버금 차
부수: 欠
총획수: 6획
필순: ヽ 冫 冫 次 次 次
관련 단어: 次等(차등), 節次(절차), 席次(석차)

교과서 한자

前進 앞 전 / 나아갈 진
전진 • 앞으로 나아감.
활용 문장: 우리 민족과 우리 조국을 위하여 **前進**하자.

眞實 참 진 / 열매 실
진실 • 거짓이 없이 참되고 바름.
활용 문장: 그 사람들은 나에게 **眞實**하게 대했다.

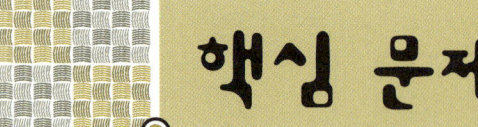

핵심 문제

■ 다음 한자의 훈·음을 쓰세요.

1. 益
2. 爭
3. 節
4. 鳥
5. 種
6. 止

■ 다음 연결된 한자 중 나머지와 다른 관계의 한자는 무엇입니까?

7. ① 始 - 終   ② 高 - 低   ③ 增 - 減   ④ 知 - 識
8. ① 停 - 止   ② 戰 - 爭   ③ 法 - 典   ④ 始 - 終

■ 다음 한자에 독음이 잘못 연결된 것을 고르시오.

9. ① 政 - 정   ② 早 - 조   ③ 罪 - 죄   ④ 引 - 궁
10. ① 接 - 접   ② 走 - 주   ③ 助 - 조   ④ 耳 - 목
11. ① 田 - 유   ② 節 - 절   ③ 製 - 제   ④ 宗 - 종
12. ① 鳥 - 오   ② 竹 - 죽   ③ 眞 - 진   ④ 質 - 질

핵심 문제

■ 다음 훈음에 알맞은 한자를 쓰세요.

13. 버금 차 (　　　　)

14. 과녁 적 (　　　　)

15. 어질 인 (　　　　)

■ 다음 물음에 답하시오.

16. 다음 중 부수가 다른 한자는 무엇입니까? ·············(　　　　)
① 財　　　② 材　　　③ 貯　　　④ 質

17. 다음 한자 중 독음이 다른 것은 무엇입니까? ············(　　　　)
① 至　　　② 知　　　③ 志　　　④ 到

■ 다음 한자를 필순에 맞게 쓰세요.

| 보기 | 九 → 丿 九 |

18. 再

19. 早

20. 因

 자신있는 한자, 어려운 한자 연습해 보세요.

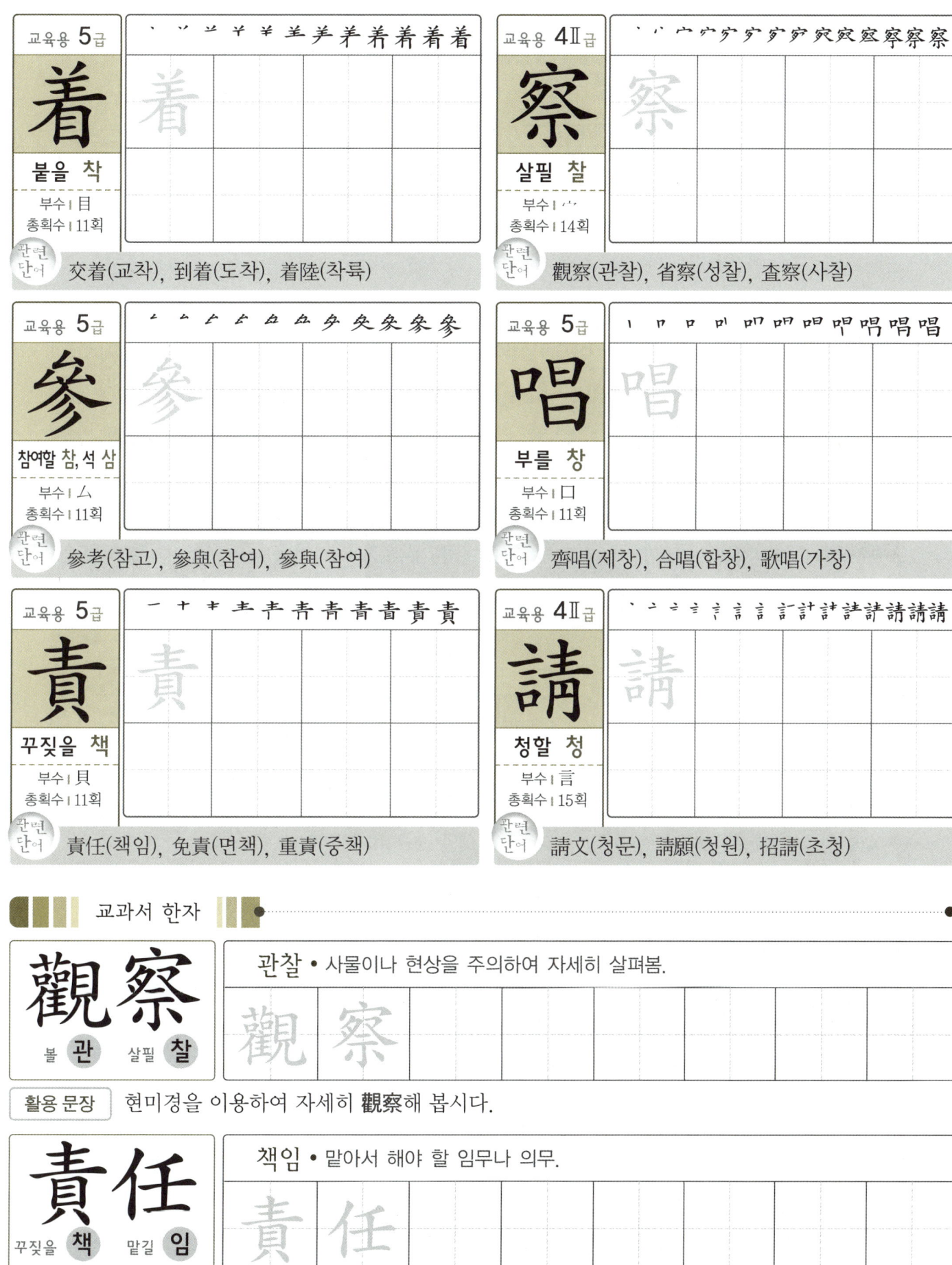

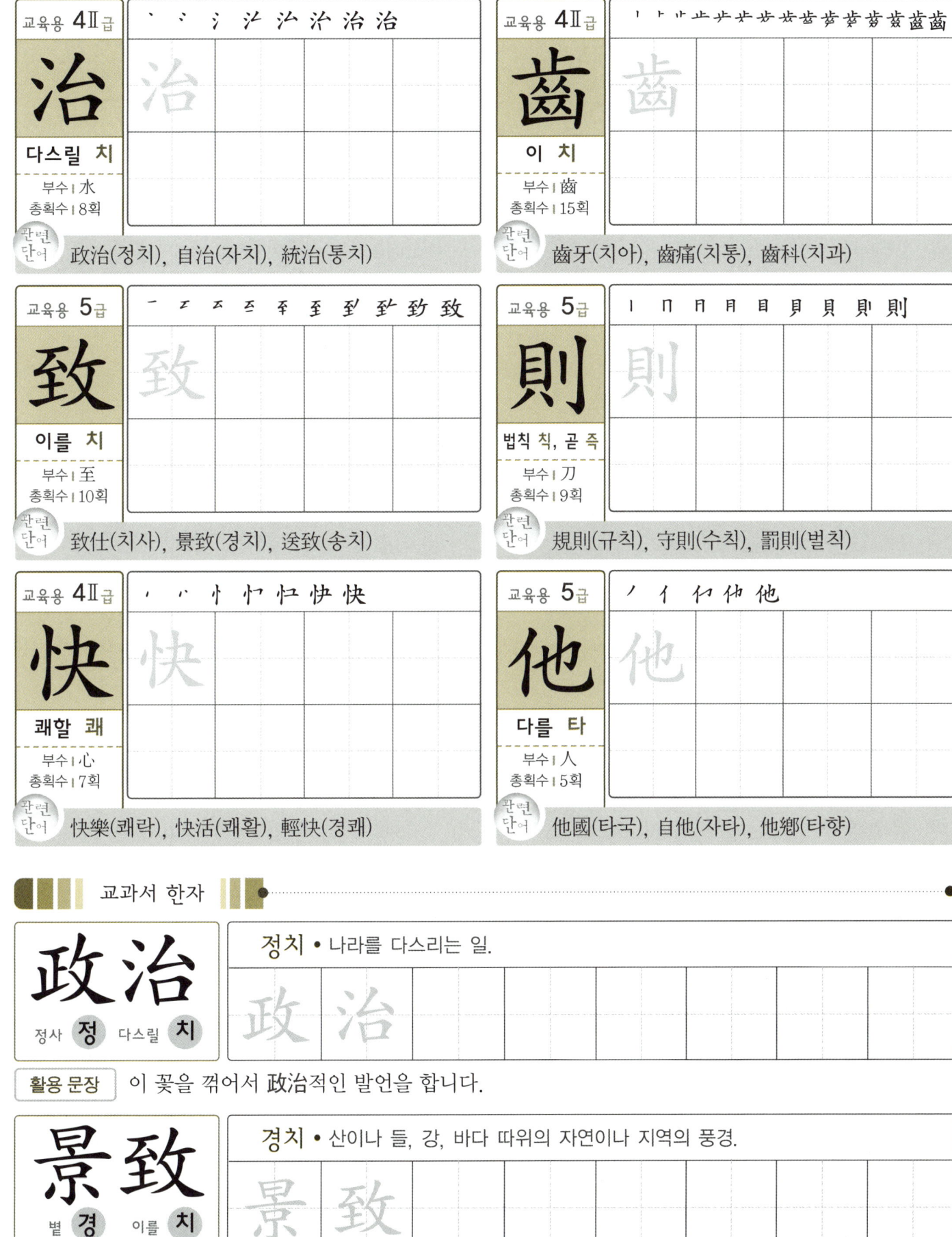

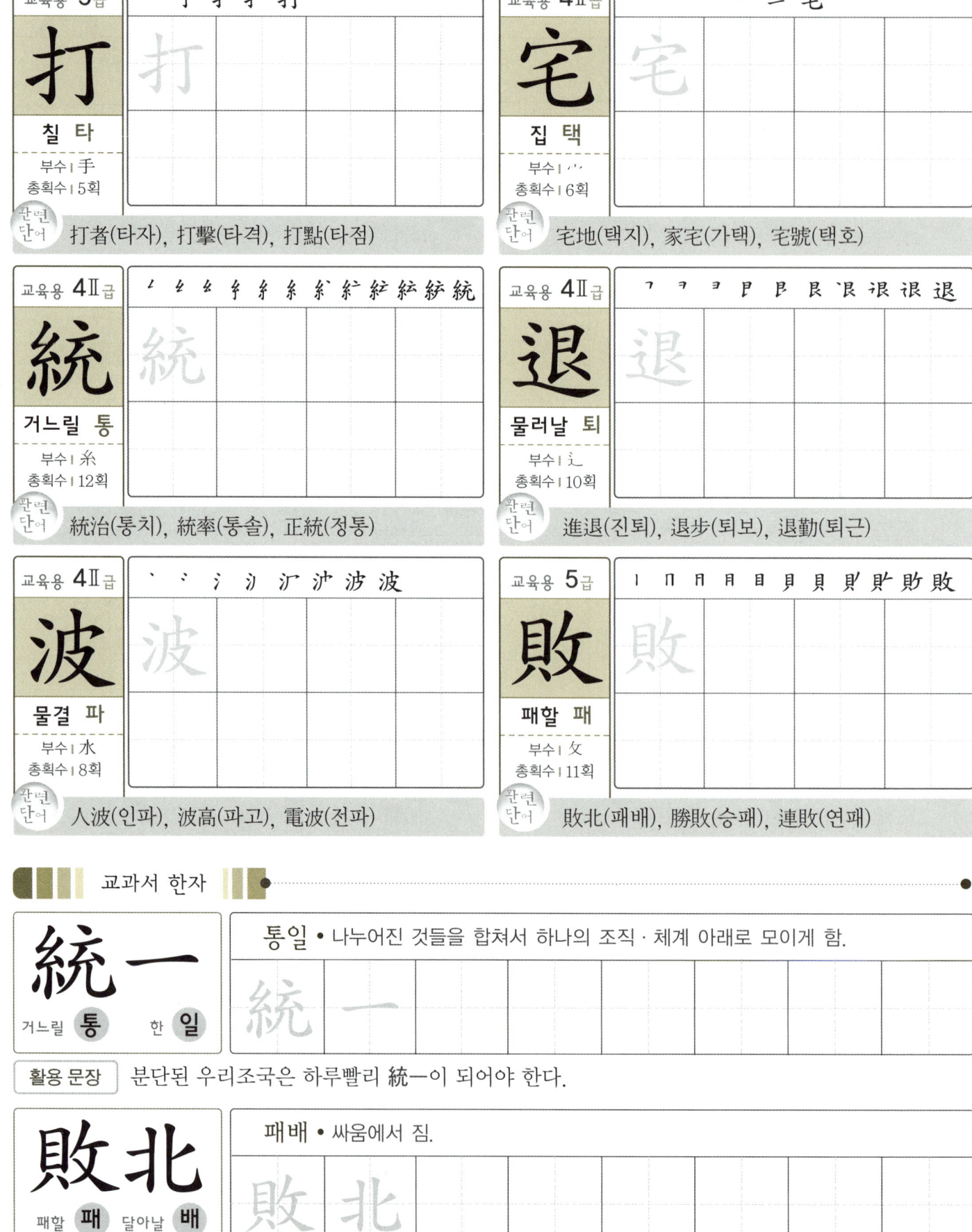

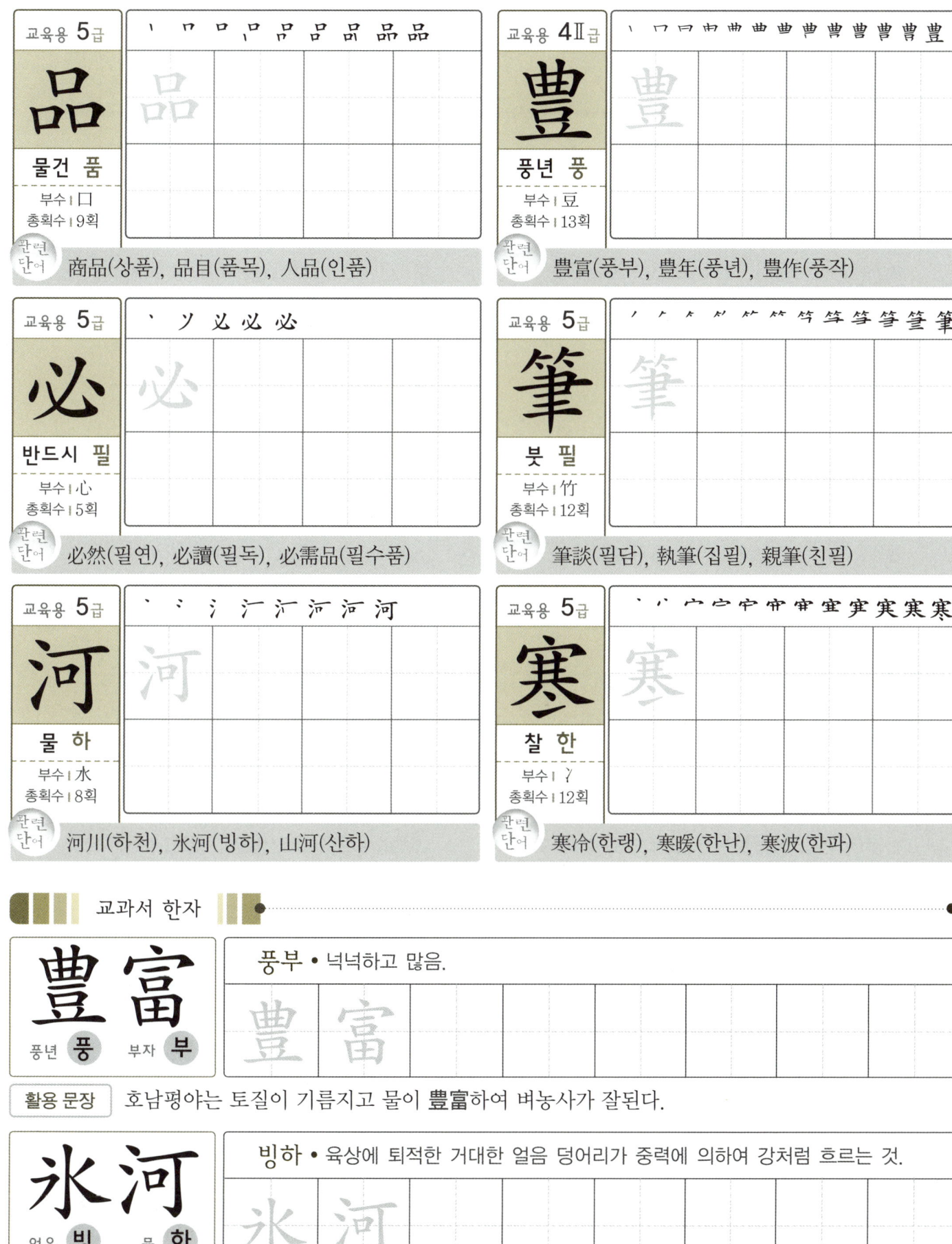

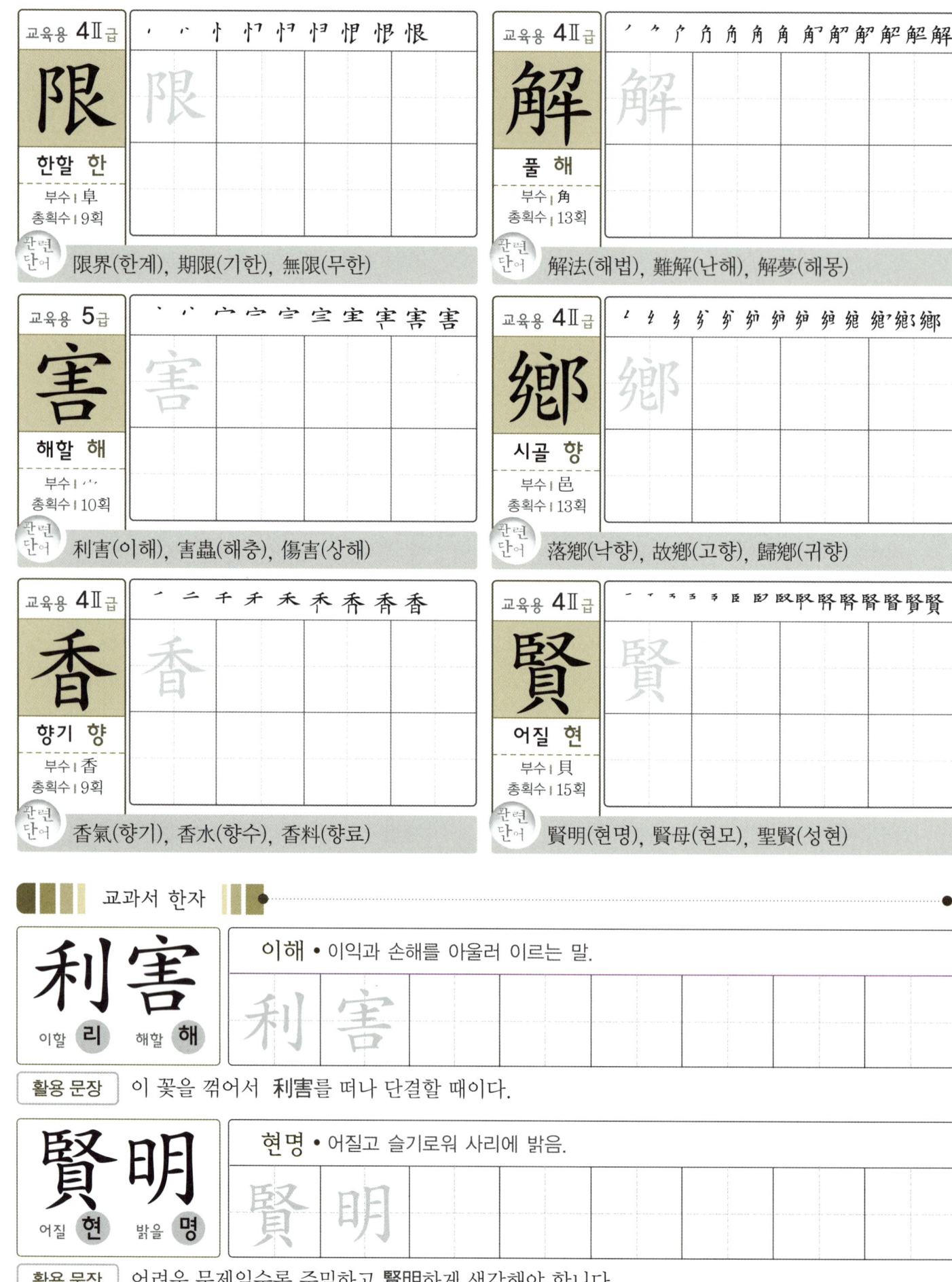

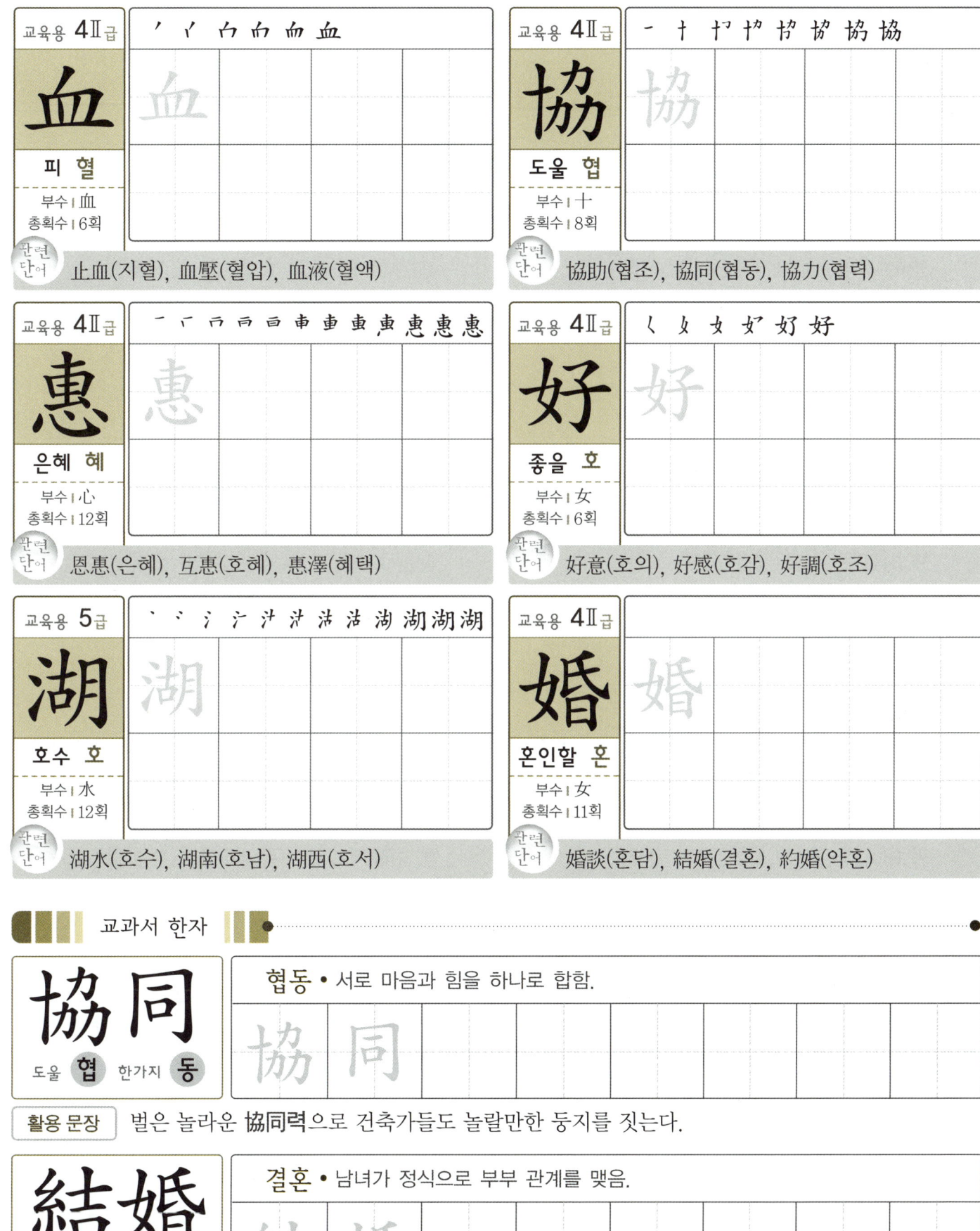

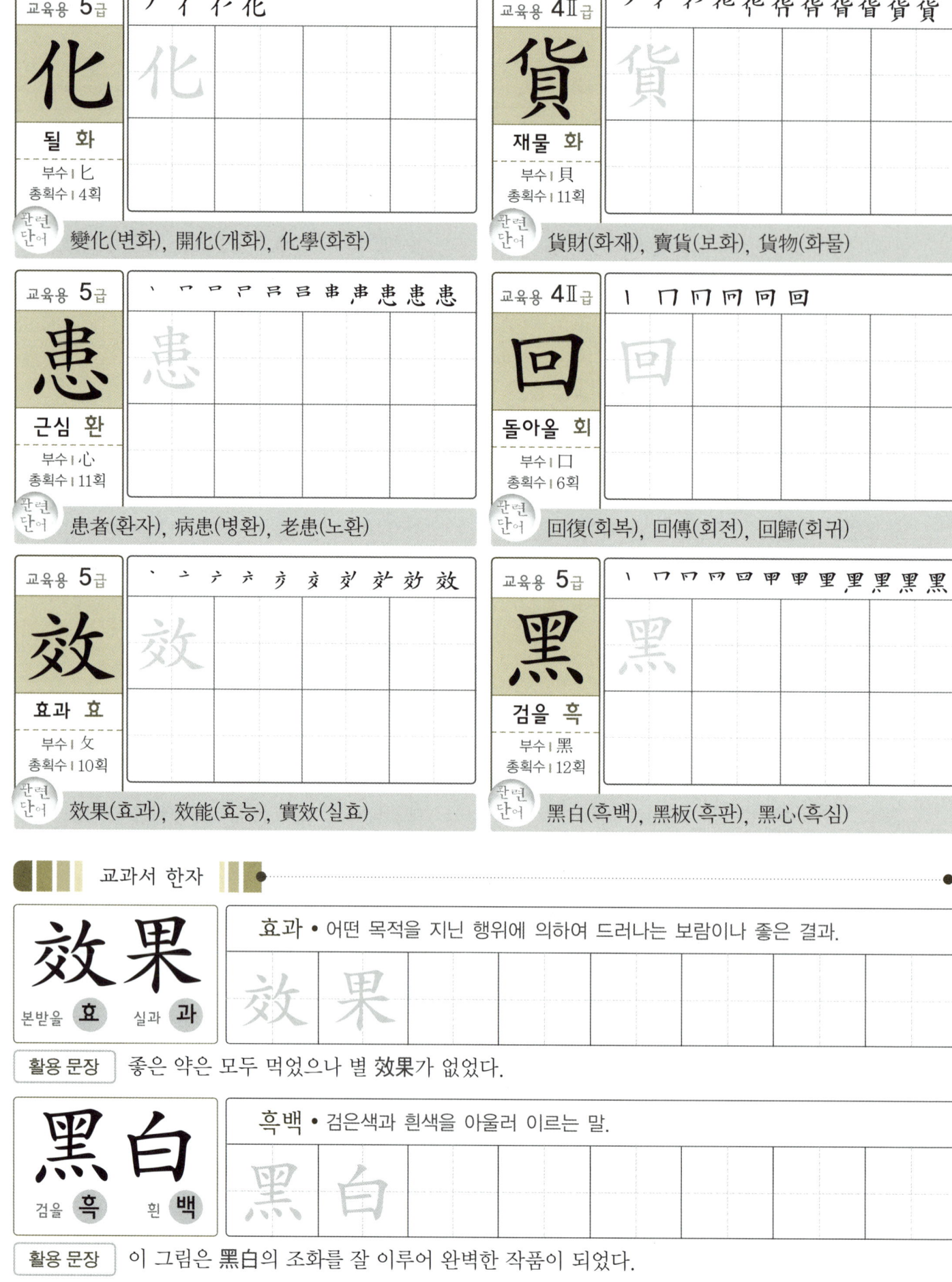

한자 쓰기 [5단계] 150字 익히기

학습한날   월   일

興 일 흥
- 부수: 臼
- 총획수: 16획
- 관련단어: 興味(흥미), 興奮(흥분), 復興(부흥)

喜 기쁠 희
- 부수: 口
- 총획수: 12획
- 관련단어: 喜悲(희비), 喜悅(희열), 歡喜(환희)

希 바랄 희
- 부수: 巾
- 총획수: 7획
- 관련단어: 希望(희망), 希求(희구), 希願(희원)

약자 써보기

実 열매 실
- 부수: 宀
- 총획수: 8획

芸 재주 예
- 부수: 艹
- 총획수: 8획

兴 일 흥
- 부수: 八
- 총획수: 6획

교과서 한자

興味 일 흥 · 맛 미
- 흥미 • 흥을 느끼는 재미.
- 활용 문장: 나는 사회 문제에 별 **興味**가 없다.

希望 바랄 희 · 바랄 망
- 희망 • 앞일에 대하여 어떤 기대를 가지고 바람.
- 활용 문장: 우리 딸은 갈수록 성적이 올라 매우 **希望**적인 결과를 기대한다.

핵심 문제

■ 다음 한자의 훈·음을 쓰세요.

1. 請
2. 祝
3. 他
4. 敗
5. 筆
6. 婚

■ 다음 연결된 한자 중 나머지와 다른 관계의 한자는 무엇입니까?

7. ① 自 - 他   ② 寒 - 暖   ③ 初 - 終   ④ 政 - 治
8. ① 參 - 参   ② 齒 - 歯   ③ 興 - 兴   ④ 必 - 心

■ 다음 한자에 독음이 잘못 연결된 것을 고르시오.

9. ① 則 - 측   ② 快 - 쾌   ③ 宅 - 택   ④ 豊 - 풍
10. ① 解 - 해   ② 統 - 총   ③ 鄕 - 향   ④ 患 - 환
11. ① 回 - 면   ② 喜 - 희   ③ 血 - 혈   ④ 責 - 책
12. ① 最 - 최   ② 察 - 제   ③ 打 - 타   ④ 品 - 품

핵심 문제

■ 다음 훈음에 알맞은 한자를 쓰세요.

13. 물 하   (   )

14. 어질 현 (   )

15. 될 화   (   )

■ 다음 물음에 답하시오.

16. 다음 중 부수가 다른 한자는 무엇입니까? ·················(   )
   ① 化   ② 他   ③ 仁   ④ 信

17. 다음 한자 중 독음이 다른 것은 무엇입니까? ··············(   )
   ① 取   ② 治   ③ 齒   ④ 致

■ 다음 한자를 필순에 맞게 쓰세요.

| 보기 | 九 → 丿 九 |

18. 唱

19. 回

20. 充

5단계 최종 점검 문제

※ 다음 漢字語의 讀音을 쓰세요. (1~35)

보기	漢字 → 한자

(1) 末期　　(2) 術數　　(3) 歌曲
(4) 汽車　　(5) 代價　　(4) 知新
(7) 可當　　(8) 筆記　　(9) 親交
(10) 氣色　　(11) 加熱　　(12) 比等
(13) 角木　　(14) 急行　　(15) 改良
(16) 停年　　(17) 過去　　(18) 再建
(19) 賞金　　(20) 最近　　(21) 健兒
(22) 法規　　(23) 見習　　(24) 根本
(25) 競買　　(26) 白軍　　(27) 廣告
(28) 完工　　(29) 內科　　(30) 通關
(31) 品貴　　(32) 陸橋　　(33) 直球
(34) 舊式　　(35) 說服

※ 다음 漢字의 訓과 音을 쓰세요. (36~58)

보기	字 → 글자 자

(36) 具　　(37) 要　　(38) 仕
(39) 多　　(40) 園　　(41) 答
(42) 村　　(43) 待　　(44) 湖
(45) 在　　(46) 量　　(47) 由
(48) 旅　　(49) 世　　(50) 勇
(51) 令　　(52) 種　　(53) 勞
(54) 宿　　(55) 畫　　(56) 望
(57) 使　　(58) 夏

※ 다음 밑줄 친 漢字語를 漢字로 쓰세요. (59~76)

보기	한자 → 漢字

(59) 집 안에서 가장의 역할이 중요합니다.
(60) 얼마 있으면 중간고사를 본다.
(61) 이 일을 끈 낸 소감을 말해 보세요.
(62) 각자의 역량을 최대한 발휘하세요.
(63) 무궁화 삼천리금수강산
(64) 일본 문화 개방은 한때 충격이었다.
(65) 네가 쓴 용돈의 합계를 내 보렴
(66) 시골 소녀들의 무작정 상경은 큰 고민거리였다.
(67) 그는 이 분야의 고수라고 할 수 있다.
(68) 성공을 하기 위해서는 열심히 노력해야 한다.
(69) 과연 그의 말은 옳은 걸까?
(70) 밤에도 볼 수 있는 야광 시계
(71) 공항에는 출구가 많습니다.
(72) 태양 에너지는 공해를 일으키지 않는다.
(73) 버스 노선을 잘 살펴보아라.
(74) 좌석이 없어 입석을 타고 고향을 갔다.
(75) 그만하기가 정말 불행 중 다행입니다.
(76) 아동 도서의 선택은 더욱 중요하다.

※ 다음 漢字의 뜻이 相對 또는 反對되는 漢子를 쓰세요. (77~80)

보기	春 ↔ (秋)

(77) 苦 ↔ (　)　　(78) (　) ↔ 今
(79) 心 ↔ (　)　　(80) 祖 ↔ (　)

※ 다음 (　)에 들어갈 漢字를 〈보기〉에서 찾아 그 番號써서 漢字語를 쓰세요. (81~85)

보기	①道　②物　③命　④明 ⑤番　⑥方　⑦獨　⑧百 ⑨反　⑩半

5단계 최종 점검 문제

(81) 野生動(　　)　　(82) 大(　　)天地
(83) 八(　　)美人　　(84) 無男(　　)女
(85) 決死(　　)對

※ 다음 漢字의와 뜻이 같거나 뜻이 비슷한 漢字의를 〈보기〉에서 찾아 그 번호를 쓰세요. (86~88)

보기	① 事　② 思　③ 着 ④ 注　⑤ 郡　⑥ 島

(86) 念　　(87) 到　　(88) 邑

※ 다음 漢字와 음이 같은데 뜻이 다른 漢字를 골라 그 번호를 쓰세요. (89~91)

보기	① 淸　② 情　③ 共 ④ 同　⑤ 止　⑥ 示 ⑦ 兄　⑧ 的　⑨ 以

(89) 靑　　(90) 空　　(91) 始

※ 다음 뜻에 맞는 漢字語를 〈보기〉에서 찾아그 번호를 쓰세요. (92~94)

보기	① 休業　② 首都　③ 凶作 ④ 責任　⑤ 植樹　⑥ 强打

(92) 나무를 심음
(93) 세게 침
(94) 농작물이 잘 되지 못함

※ 다음 漢字의 약자(획수를 줄인 漢字)를 쓰세요. (95~97)

보기	會 → 会

(95) 萬　　(96) 學　　(97) 戰

※ 다음 물음에 답하세요. (88~90)

(98) 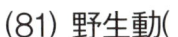 ㄱ 획의 쓰는 순서를 아래에서 골라 번호를 쓰세요.

① 두 번째　② 세 번째
③ 네 번째　④ 다섯 번째

(99)  ㄱ 획의 쓰는 순서를 아래에서 골라 번호를 쓰세요.

① 여덟 번째　② 아홉 번째
③ 열 번째　④ 열한 번째

(100)  ㄱ 획의 쓰는 순서를 아래에서 골라 번호를 쓰세요.

① 두 번째　② 세 번째
③ 네 번째　④ 여섯 번째

초등학생이 꼭 알아야 할 사자성어

▸▸▸ **견물생심** '물건을 보면 욕심이 생긴다.'는 뜻

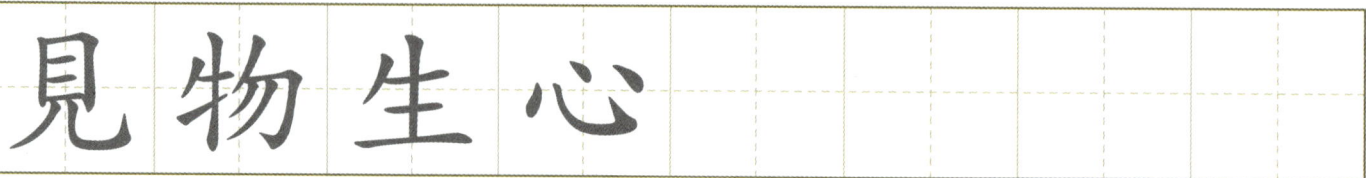

▸▸▸ **구사일생** 죽을 고비를 여러 차례 겪고 살아난 것을 비유하여 말함.

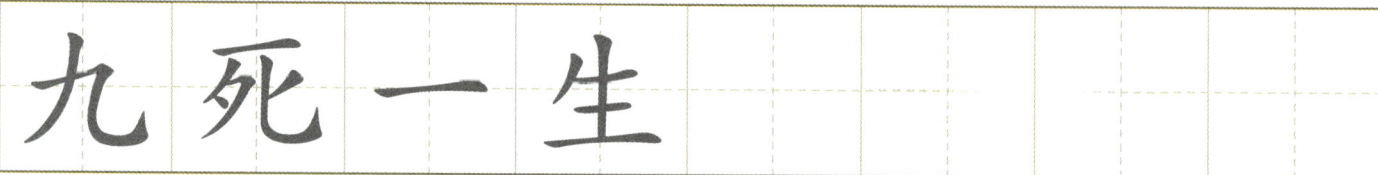

▸▸▸ **남녀노소** '남자, 여자, 늙은이, 젊은이'라는 뜻으로 모든 사람을 이르는 말.

▸▸▸ **동서고금** 동양과 서양, 그리고 옛날과 오늘. 곧 '어디서나, 언제나'의 뜻

▸▸▸ **마이동풍** '말의 귀에 동풍'이라는 뜻으로, 남의 비평이나 의견을 조금도 귀담아 듣지 아니하고 흘려버림을 이르는 말.

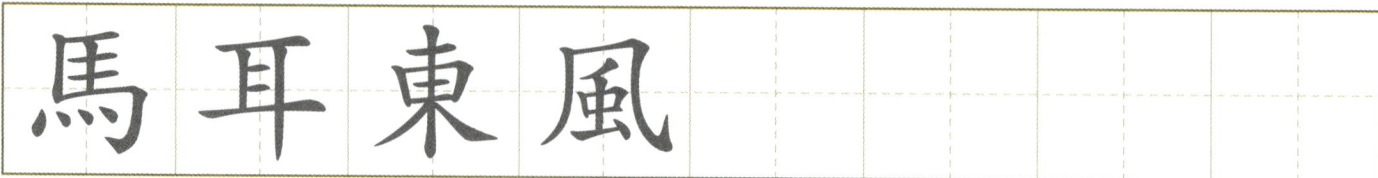

▸▸▸ **삼삼오오** 서넛 또는 대여섯 사람씩 여기저기 모여서 다니거나 무슨 일을 하는 모양.

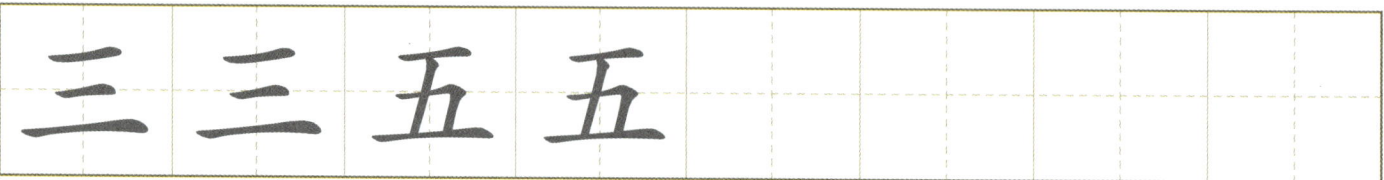

➤➤➤ **십중팔구** '열 가운데 여덟이나 아홉이 그러하다.'는 뜻으로 거의 추측한 것이 맞다는 뜻.

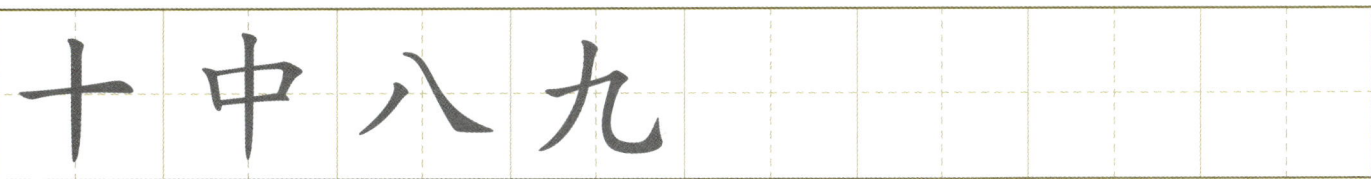

➤➤➤ **일거양득** 한 가지 일로써 두 가지 이익을 얻는다는 의미.

➤➤➤ **정정당당** 태도나 처지가 바르고 떳떳함.

➤➤➤ **일석이조** '하나의 돌로 두 마리의 새를 잡는다.'는 뜻으로 한 가지 일로 두 가지의 이득을 얻을 때를 말함.

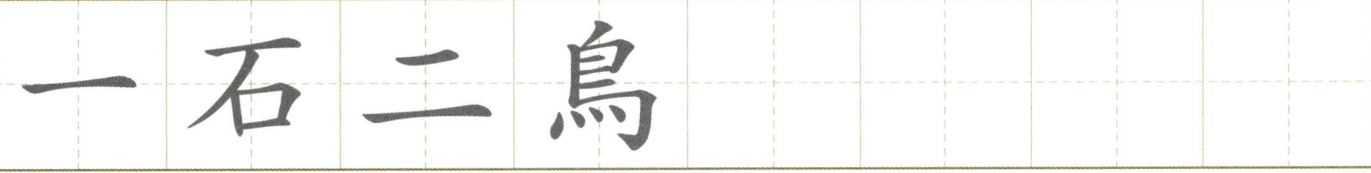

➤➤➤ **작심삼일** '마음먹은 지 삼 일이 못 간다.'는 뜻으로 결심이 얼마 되지 않아 흐지부지 됨을 이르는 말.

➤➤➤ **팔방미인** 어느 모로 보나 아름다운 미인, 누구에게나 두루 곱게 보이는 방법으로 처세하는 사람.

 자신있는 한자, 어려운 한자 연습해 보세요.

정답 및 해설

600자 정답 및 해설

21~22p

1. 학교 교
2. 집 실
3. 나라 국
4. 푸를 청
5. 바깥 외
6. 아우 제
7. ④
8. ③
9. 北
10. 西
11. 東
12. 南
13. 九
14. 五
15. 六
16. ④
17. ③
18. 亅 亅 水 水
19. 丶 丶 少
20. ノ ハ ク 父

39~40p

1. 사이 간
2. 대답 답
3. 오를 등
4. 매양 매
5. 물건 물
6. 셈 산
7. ④
8. ④
9. 面
10. 手
11. 口
12. 足
13. 國
14. 軍
15. 萬
16. ②
17. ④
18. フ カ
19. 丨 冂 冂 內
20. 一 十 卅 丗 世

23~24p

1. 대
2. 한
3. 민
4. 국
5. 군
6. 인
7. 학
8. 교
9. 교
10. 실
11. 선
12. 생
13. 부
14. 모
15. 형
16. 제
17. ⑫
18. ⑬
19. ⑮
20. ⑭
21. ⑩
22. ⑨
23. ①
24. ③
25. ②
26. ④
27. ⑦
28. ⑤
29. ⑥
30. ⑧
31. ⑪
32. ⑤
33. ⑥
34. ②
35. ④
36. ①
37. ③
38. 쇠 금, 성 김
39. 마디 촌
40. 긴 장
41. 석 삼
42. 넉 사
43. 작을 소
44. 계집 녀
45. 임금 왕
46. 문 문
47. 흙 토
48. 일만 만
49. ④
50. ②

50p

教 가르칠 교
九 아홉 구
軍 군사 군
女 계집 녀
大 큰 대
母 어미 모
門 문 문
白 흰 백
四 넉 사
三 석 삼
先 먼저 선
水 물 수
十 열 십

校 학교 교
國 나라 국
南 남녘 남
年 해 년
東 동녘 동
木 나무 목
民 백성 민
北 북녘 북
山 메 산
生 날 생
小 작을 소
室 집 실

600자 정답 및 해설

51p

임금 왕 王	바깥 외 外
달 월 月	여섯 륙 六
두 이 二	사람 인 人
날 일 日	한 일 一
긴 장 長	아우 제 弟
가운데 중 中	푸를 청 靑
마디 촌 寸	일곱 칠 七
흙 토 土	여덟 팔 八
배울 학 學	다섯 오 五
형 형 兄	불 화 火
쇠 금 金	일만 만 萬
아비 부 父	서녘 서 西
한국 한 韓	

52~53p

1. 그럴 연
2. 기를 육
3. 바다 해
4. 할아비 조
5. 봄 춘
6. 번개 전
7. ④
8. ③
9. 祖父
10. 父母
11. 子
12. 四寸
13. 春秋
14. 姓名
15. 正午
16. ④
17. ④
18. ノ 几 川
19. ノ 入
20. 丨 屮 屮 出 出

54~55p

1. 백성
2. 동초
3. 청군
4. 세조
5. 국화
6. 시내
7. 국기
8. 오후
9. 등산
10. 출구
11. 효녀
12. 편지
13. 전연
14. 면상
15. 정자
16. 활동
17. 문안
18. 하인
19. 만민
20. 형제
21. 시방
22. 농촌
23. 춘하
24. 교장
25. 휴학
26. 매사
27. 입장
28. 직답
29. 부족
30. 중간
31. 소수
32. 공기
33. 집 가
34. 기록할 기
35. 가르칠 교
36. 있을 유
37. 길 도
38. 수풀 림
39. 해 년
40. 무거울 중
41. 저녁 석
42. 흰 백
43. 말씀 화
44. 사내 남
45. 저자 시
46. 목숨 명
47. 바다 해
48. 오른 우
49. 글월 문
50. 셈 산
51. 노래 가
52. 집밖
53. 이름난 곳
54. ⑧
55. ⑨
56. ⑤
57. ⑦
58. ①
59. ⑩
60. ③
61. ②
62. ⑥
63. ④
64. ④
65. ⑥
66. ②
67. ②
68. ④
69. ④
70. ④

600자 정답 및 해설

73~74p

1. 느낄 감
2. 빛 광
3. 이제 금
4. 길 로
5. 읽을 독
6. 들을 문
7. ③
8. ④
9. 果
10. 根
11. 木
12. 綠
13. 急
14. 計
15. 聞
16. ②
17. ④
18. ´ ⌐ ⌐ 斤 斤 沂 沂 近
19. ｜ ⌐ ⌐ ⌐ ⌐ 門 門 門 門 閈 開
20. ｜ ⌐ ⌐ 业 业 光

84~85p

1. 다를 별
2. 글 서
3. 사랑 애
4. 새 신
5. 동산 원
6. 따뜻할 온
7. ②
8. ④
9. 일 업(業)
10. 잃을 실(失)
11. 비로소 시(始)
12. 몸 신(身)
13. 式
14. 永
15. 死
16. ③
17. ④
18. 一 二 于 式 式
19. ノ 八 今 分
20. ` 一 亠 亖 言 言

94~95p

1. 가족
2. 강약
3. 대등
4. 문장
5. 식수
6. 일색
7. 영원
8. 전부
9. 근간
10. 영어
11. 승리
12. 발병
13. 고대
14. 해군
15. 과거
16. 온도
17. 식장
18. 야전
19. 소문
20. 성공
21. 체형
22. 창문
23. 공기
24. 사회
25. 동화
26. 특사
27. 손자
28. 독자
29. 수술
30. 한약
31. 소실
32. 신행
33. 통신
34. 들 야
35. 무거울 중
36. 살필 성
37. 눈 설
38. 느낄 감
39. 마을 촌
40. 모을 집
41. 번개 전
42. 기를 육
43. 뜰 정
44. 말씀 언
45. 재주 재
46. 옷 의
47. 차례 제
48. 향할 향
49. 어제 작
50. 맑을 청
51. 옮길 운
52. 가르칠 훈
53. 겉 표
54. 집 당
55. 클 태
56. 食口
57. 農夫
58. 登校
59. 萬物
60. 每年
61. 問答
62. 國民
63. 寸數
64. 同姓
65. 世上
66. 記事
67. 女軍
68. 空中
69. 邑內
70. 午前
71. 所重
72. 春夏秋冬
73. 白紙
74. 平面
75. 運動
76. ③
77. ②
78. ③
79. ①
80. ②
81. ③
82. ③
83. ③
84. ③
85. ③
86. 風向
87. 生父
88. ④
89. ②
90. ④

600자 정답 및 해설

113~114p

1. 덜 감
2. 맺을 결
3. 지날 과
4. 재주 기
5. 홑 단
6. 일어날 기
7. ④
8. ④
9. ②
10. ①
11. ②
12. ①
13. 君
14. 官
15. 客
16. ④
17. ④
18. 一厂厂戶巨
19. 丨冂月月用周周固
20. 丿勹勹句句

124~125p

1. 섬 도
2. 떨어질 락
3. 의논할 논
4. 뭍 륙
5. 힘쓸 무
6. 변할 변
7. ④
8. ④
9. ③
10. ②
11. ①
12. ①
13. 非
14. 亡
15. 無
16. ④
17. ④
18. 一ト卜比
19. 丶卩阝阝阡阞防
20. 丿亻亻仁佇伫保保

134~135p

1. 가난할 빈
2. 상줄 상
3. 착할 선
4. 세금 세
5. 풍속 속
6. 씻을 세
7. ④
8. ④
9. ②
10. ①
11. ④
12. ②
13. 氷
14. 史
15. 仙
16. ①
17. ④
18. 丨刂冫氷氷
19. 丶䒑䒑芦芦芒首首
20. 丶一广广户庐序

154~155p

1. 순할 순
2. 열매 실
3. 기를 양
4. 얼굴 용
5. 고기 육
6. 응할 응
7. ②
8. ④
9. ①
10. ①
11. ②
12. ①
13. 位
14. 玉
15. 羊
16. ④
17. ④
18. 丨冂月月用周周固
19. 丶丶宀宁宇守
20. 一ㄱ尸尸尸居居屋屋

166~167p

1. 더할 익
2. 다툴 쟁
3. 마디 절
4. 새 조
5. 씨 종
6. 그칠 지
7. ④
8. ④
9. ④
10. ④
11. ①
12. ①
13. 次
14. 的
15. 仁
16. ②
17. ④
18. 一厂厂兩再再
19. 丶口曰曰早早
20. 丨冂冂円肉因

178~179p

1. 청할 청
2. 빌 축
3. 다를 타
4. 패할 패
5. 붓 필
6. 혼인할 혼
7. ④
8. ④
9. ①
10. ②
11. ①
12. ②
13. 河
14. 賢
15. 化
16. ①
17. ①
18. 丨口口口吗吗吗唱唱唱
19. 丨冂冋同同回
20. 丶一云产充

600자 정답 및 해설

180~181p

1. 말기
2. 술수
3. 가곡
4. 기차
5. 대가
6. 지신
7. 가당
8. 필기
9. 친교
10. 기색
11. 가열
12. 비등
13. 각목
14. 급행
15. 개량
16. 정년
17. 과거
18. 재건
19. 상금
20. 최근
21. 건아
22. 법규
23. 견습
24. 근본
25. 경매
26. 백군
27. 광고
28. 완공
29. 내과
30. 통관
31. 품귀
32. 육교
33. 직구
34. 구식
35. 설복
36. 갖출 구
37. 요긴할 요
38. 섬길 사
39. 많을 다
40. 동산 원
41. 대답 답
42. 마을 촌
43. 기다릴 대
44. 호수 호
45. 있을 재
46. 헤아릴 량
47. 말미암을 유
48. 나그네 려
49. 인간 세
50. 날랠 용
51. 하여금 령
52. 씨 종
53. 힘쓸 로
54. 잘 숙
55. 그림 화
56. 바랄 망
57. 부릴 사
58. 여름 하
59. 家長
60. 中間
61. 所感
62. 各自
63. 江山
64. 文化
65. 合計
66. 少女
67. 高手
68. 成功
69. 果然
70. 夜光
71. 出口
72. 公害
73. 路線
74. 立席
75. 不幸
76. 圖書
77. 樂

182~183p

78. 古
79. 身
80. 孫
81. ②
82. ④
83. ①
84. ⑦
85. ⑨
86. ②
87. ③
88. ⑤
89. ①
90. ③
91. ⑥
92. ⑤
93. ⑥
94. ③
95. 万
96. 学
97. 戰
98. ④
99. ③
100. ④

초등한자 600字 쓰기

발 행 일	2025년 01월 05일 초판3쇄
저 자	강정민
발 행 처	다니북스
전 화	02-6409-5328
팩 스	02-2691-0091
출판등록	제2021-000014호
I S B N	979-11-973725-7-5
정 가	10,000원

파본, 낙장은 구매처에서 교환하여드립니다.
무단복제 및 도용은 저작권법에 저촉됩니다.